BENEŠKA KUHINJA

100 preprostih in okusnih receptov iz severovzhodne Italije

ROBERT ZAJC

Avtorski material ©2024

Vse pravice pridržane

Nobenega dela te knjige ni dovoljeno uporabljati ali prenašati v kakršni koli obliki ali na kakršen koli način brez ustreznega pisnega soglasja založnika in lastnika avtorskih pravic, razen kratkih citatov, uporabljenih v recenziji. Ta knjiga se ne sme obravnavati kot nadomestilo za zdravniški, pravni ali drug strokovni nasvet.

KAZALO

KAZALO 3
UVOD 6
ZAJTRK 7
   1. Caffè Latte e Brioche (kava in sladek kruh) 8
   2. Pandoro francoski toast 10
   3. Frittelle Venete (beneški pustni ocvrtki) 12
   4. Speck in Fontina Zajtrk Panini 14
CICCHETTI 16
   5. Baccalà Mantecato (kremna slana trska) 17
   6. Polpette di Sarde (sardelne mesne kroglice) 19
   7. Radicchio in Taleggio Crostini 21
   8. Nabodala iz pršuta in melone 23
   9. Arancini al Nero di Seppia (Kroglice rižote s črnilom sipe) ... 25
   10. Gamberetti in Salsa Rosa (škampi v rožnati omaki) 27
   11. Funghi Trifolati (dušene gobe) 29
   12. Polenta con Salsiccia (Polenta s klobaso) 31
   13. Party polenta crostini 33
   14. Kvadrati polente na žaru 36
GLAVNA JED 38
   15. Risi e Bisi (beneški riž in grah) 39
   16. Beneška slanina in fižolova solata 41
   17. Beneška riževa in grahova juha 43
   18. Dušena teletina z bučo 45
   19. Canederli al Formaggio (sirovi cmoki) 47
   20. Pizzoccheri della Valtellina 49
   21. Pasta e Fagioli Veneta (Beneške testenine in fižolova juha) .. 51
   22. Spezzatino di Manzo al Barolo (goveja obara z vinom Barolo) .. 53
   23. Trofie al Pesto Genovese (Trofie testenine z genoveškim pestom) .. 55
   24. Stracotto di Manzo (pečenka) 57
   25. Pečen hlastač s krompirjem in olivami 59
RIŽOTA 61
   26. Risotto al Tartufo Nero (rižota s črnim tartufom) 62
   27. Rižota z grahom in šunko 64
   28. Ham & špargljeva rižota primavera 66
   29. Risotto al Nero di Seppia (rižota s črnilom sipe) 68
   30. Rižota s slanino in paradižnikom 70
   31. Panceta rižota z radičem 72
   32. Bučna rižota 74
   33. Goveji file in porova rižota 76

34. Rižota s čedarjem in mlado čebulo 79
35. Rižota z rdečo peso 81
36. Rižota z bučkami 83
37. Koromačeva rižota s pistacijami 85
38. Rižota iz sladkega krompirja z zelišči 87
39. Rizota z gobami 89
40. Borovničeva rižota z jurčki 91
41. Rižota s šparglji in gobami 93
42. Pirina rižota z gobami 95
43. Rižota s školjkami 97
44. Crabina torta & rižota z zeleno čebulo 100
45. kozicami in sladkimi šiškami 103
46. Pesto orehova rižota 106
47. Rižota z osmimi zelišči 108

PRŠUT 110
48. Skodelice s pečenim pršutom 111
49. Zavitek za zajtrk s pršutom in jajcem 113
50. Omleta s pršutom in sirom 115
51. Fritata s pršutom in paradižnikom 117
52. Piščanec z baziliko 119
53. Prepelica nad zelenjavnimi in šunkinimi trakovi 121
54. Pica s pršutom in rukolo 123
55. Pizza Štirje letni časi/Quattro Stagioni 125
56. Piščanec in pršut z brstičnim ohrovtom 127
57. Fettuccine s pršutom in šparglji 129
58. Fusilli s pršutom in grahom 131
59. Fusilli s šitakami, brokolijem in pršutovo omako 133
60. Pappardelle s pršutom in grahom 135
61. Salama in Brie Crostini 137
62. Brusketa pršut in mozarela 139
63. Minty grižljaji s kozicami 141
64. Grižljaj s hruško, radičem in pršutom 143
65. Skodelica za mafine pršut 145
66. Kroglice avokadovega pršuta 147

SLADICE IN SLADICE 149
67. Gubana (sladko polnjeno pecivo) 150
68. Jabolka in ricotta Crostata 152
69. Trentinska jabolčna torta (Torta di Mele Trentina) 154
70. Beneška ocvrta smetana 156
71. Panna cotta s karamelno omako 158
72. Čokoladna Panna Cotta 160
73. Caramelna krema 162
74. Italijanske pečene breskve 164

75. Tiramisu pots de creme 166
76. Tiramisu kolački 169
77. Medeni puding _ _. 172
78. Zamrznjeni medeni Semifreddo 174
79. Zabaglione 176
80. Affogato 178
81. Ovseni cimetov sladoled 180
82. Dvojni čokoladni gelato 182
83. Češnjevo-jagodni sladoled 184
84. Masleni sloji rogljičkov s pršutom 186
85. Balzamična breskova in brie torta 188
86. Torta s čebulo in pršutom 190
87. Kruh s pršutom olivno paradižnik 192
88. Pršut-pomarančni popers 194
89. Kandiran pršut 196
90. Krompirjeva torta z mocarelo in pršutom 198
91. Panna cotta iz zelenega graha s pršutom 200
92. Limetin sladoled s chia semeni 203
93. Sladoled iz čokolade in češnje 205
94. Čokoladna bomba 208
95. Ananas pečen aljaski 210
96. Čokoladni gelato pops 212
97. Kapučino frape 214
98. Poširane fige v začinjenem rdečem vinu z sladoledom 216
99. Pina colada meringue gelato torta 218
100. Jagodna meringue gelato torta 220

ZAKLJUČEK 223

UVOD

Podajte se na kulinarično popotovanje v osrčje severovzhodne Italije z zbirko 100 enostavnih in slastnih receptov «Beneška kuhinja», ki prikazujejo bogate okuse in tradicijo regije Veneto. Ta kuharska knjiga vas vabi k raziskovanju gastronomskih čudes Benetk, Verone in slikovite pokrajine, ki opredeljujejo ta kotiček Italije. Pridružite se nam, ko slavimo preprostost, eleganco in izjemen okus, zaradi katerih je beneška kuhinja pravi užitek.

Predstavljajte si romantične beneške kanale, valovite griče vinogradov Prosecco in živahne tržnice, polne svežih pridelkov in morskih sadežev. Beneška kuhinja ni samo kuharska knjiga; to je kulinarična tura, ki zajame bistvo regije Veneto. Ne glede na to, ali hrepenite po obilnih gorskih jedeh, morskih dobrotah jadranske obale ali sladkem razvajanju beneškega peciva, so ti recepti ustvarjeni tako, da vas popeljejo v osrčje severovzhodne Italije.

Od slastnih rižot do delikatnih testenin z morskimi sadeži in od slane polente do dekadentnega tiramisuja, vsak recept je praznovanje raznolikih in čudovitih okusov, ki cvetijo v Venetu. Ne glede na to, ali ste izkušen kuhar, ki želi poustvariti okuse regije, ali pustolovski domači kuhar, željen raziskovanja novih kulinaričnih območij, je «Beneška kuhinja» vaš vodnik, da na svojo mizo prenesete toplino in okuse severovzhodne Italije.

Pridružite se nam pri raziskovanju kuhinj Benečije, kjer je vsaka jed dokaz svežine lokalnih sestavin, obvladovanja preprostih tehnik in veselja do uživanja življenja. Torej, zberite svoje oljčno olje, objemite okuse Prosecca in se podajte na kulinarično pustolovščino skozi "Beneška kuhinja".

ZAJTRK

1. Caffè Latte e Brioche (kava in sladek kruh)

SESTAVINE:
- Sveži brioši ali rogljički
- Močna italijanska kava
- Mleko

NAVODILA:
a) Skuhajte skodelico močne italijanske kave.
b) Mleko segrejte na štedilniku ali v mikrovalovni pečici.
c) Kavo nalijemo v skodelico in postrežemo s toplim mlekom ob strani.
d) Uživajte v briošu, tako da ga pomočite v kavo ali namažete z marmelado.

2. Pandoro francoski toast

SESTAVINE:
- Rezine Pandoro (italijanska božična torta)
- 2 jajci
- 1/2 skodelice mleka
- 1 žlička vanilijevega ekstrakta
- Maslo za cvrtje
- Javorjev sirup in sladkor v prahu za serviranje

NAVODILA:
a) V skledi stepemo jajca, mleko in vanilijev ekstrakt.
b) Rezine Pandoro potopite v mešanico in premažite vsako stran.
c) V ponvi segrejte maslo in pecite rezine do zlato rjave barve.
d) Postrezite z javorjevim sirupom in posipom sladkorja v prahu.

3.Frittelle Venete (beneški pustni ocvrtki)

SESTAVINE:
- 250 g večnamenske moke
- 2 jajci
- 250 ml mleka
- 50g sladkorja
- 1 zavitek (7 g) aktivnega suhega kvasa
- Lupina 1 limone
- Ščepec soli
- Rastlinsko olje za cvrtje
- Sladkor v prahu za posipanje

NAVODILA:
a) V skledi zmešamo moko, sladkor, kvas in ščepec soli.
b) V ločeni skledi zmešajte jajca, mleko in limonino lupinico.
c) Zmešajte mokre in suhe sestavine ter mešajte, dokler ne nastane gladka masa.
d) Pokrijemo in pustimo vzhajati približno 1-2 uri.
e) V ponvi segrejemo olje. Maso po žlicah polagamo v olje in pražimo do zlato rjave barve.
f) Odcedite na papirnatih brisačah, potresite s sladkorjem v prahu in postrezite tople.

4.Speck in Fontina Zajtrk Panini

SESTAVINE:
- Ciabatta ali italijanski kruh
- Na tanko narezana špica (dimljen pršut)
- Rezine sira Fontina
- 1 žlica olivnega olja

NAVODILA:
a) Na kruh položite rezine specka in Fontine.
b) Zunanje stranice kruha pokapajte z oljčnim oljem.
c) Pečemo v stiskalnici za panini ali na ponvi, dokler se sir ne stopi in kruh hrustljavo zapeče.
d) Narežemo in postrežemo toplo.

CICCHETTI

5.Baccalà Mantecato (kremna slana trska)

SESTAVINE:
- 200 g nasoljene trske, namočene in razsoljene
- 1 strok česna, mlet
- 100 ml ekstra deviškega oljčnega olja
- Svež peteršilj, sesekljan
- Rezine hrustljavega kruha

NAVODILA:
a) Slano polenovko skuhamo toliko časa, da se zlahka razkosmi. Odcedite in pustite, da se ohladi.
b) Polenovko drobno nasekljamo in primešamo mletemu česnu.
c) Med stepanjem postopoma dodajajte olivno olje, dokler ne dobite kremaste konsistence.
d) Kremno polenovko namažite na rezine hrustljavega kruha.
e) Okrasite s sesekljanim peteršiljem in postrezite.

6.Polpette di Sarde (sardelne mesne kroglice)

SESTAVINE:
- 200 g svežih sardel, očiščenih in razkoščičenih
- 1/2 skodelice drobtin
- 1 jajce
- 2 žlici naribanega parmezana
- Sveža meta, sesekljana
- Oljčno olje za cvrtje

NAVODILA:
a) Sardine drobno sesekljamo.
b) V skledi zmešamo sardele, drobtine, jajce, parmezan in meto.
c) Oblikujte majhne mesne kroglice in jih zlato ocvrite na olivnem olju.
d) Postrežemo z zobotrebci.

7. Radicchio in Taleggio Crostini

SESTAVINE:
- Rezine bagete ali italijanskega kruha
- Radič, narezan na tanke rezine
- Taleggio sir, narezan
- Med za prelivanje

NAVODILA:
a) Rezine kruha popečemo.
b) Po vrhu obložite rezine radiča in taleggia.
c) Prelijemo z medom.
d) Pražite, dokler se sir ne stopi in postane mehurček.
e) Postrežemo toplo.

8. Nabodala iz pršuta in melone

SESTAVINE:
- Rezine pršuta
- Melona, narezana na grižljaj velike kocke
- Balzamična glazura za prelivanje

NAVODILA:
a) Rezine pršuta ovijte okoli meloničnih kock.
b) Vsako nabodemo z zobotrebcem.
c) Razporedimo po servirnem krožniku.
d) Tik pred serviranjem jih pokapajte z balzamično glazuro.

9. Arancini al Nero di Seppia (Kroglice rižote s črnilom sipe)

SESTAVINE:
- Ostanki rižote (po možnosti s črnilom sipe)
- Sir mocarela, narezan na majhne kocke
- Krušne drobtine
- jajca
- Rastlinsko olje za cvrtje

NAVODILA:
a) Vzemite majhno količino hladne rižote in jo sploščite v roki.
b) Na sredino položimo kocko mocarele in okoli nje oblikujemo rižoto v kroglico.
c) Kroglico pomočimo v stepena jajca in jo nato povaljamo v drobtinah.
d) Cvremo do zlatorjave in hrustljave barve.
e) Postrezite toplo s soljo.

10. Gamberetti in Salsa Rosa (škampi v rožnati omaki)

SESTAVINE:
- Kuhane kozice, olupljene in razrezane
- Koktajl omaka (mešanica majoneze in kečapa)
- Limonine rezine
- Sesekljan svež peteršilj

NAVODILA:
a) Vsako kozico premažemo s koktajl omako.
b) Kozice nabodemo z zobotrebci.
c) Okrasite s kančkom limoninega soka in sesekljanim peteršiljem.
d) Postrežemo ohlajeno.

11. Funghi Trifolati (dušene gobe)

SESTAVINE:
- Sveže gobe očiščene in narezane
- Olivno olje
- Česen, mleto
- Svež timijan
- Sol in poper po okusu
- Brusketa ali hrustljav kruh

NAVODILA:
a) Na oljčnem olju prepražimo gobe, dokler ne spustijo vlage.
b) Dodamo sesekljan česen in kuhamo, da zadiši.
c) Začinite s svežim timijanom, soljo in poprom.
d) Postrezite na brusketi ali poleg hrustljavega kruha.

12.Polenta con Salsiccia (Polenta s klobaso)

SESTAVINE:
- Polenta, narezana na kvadratke
- Kuhana italijanska klobasa, narezana
- Paradižnikova omaka
- Nariban parmezan
- Listi sveže bazilike za okras

NAVODILA:
a) Rezine polente na žaru ali v ponvi zlato ocvremo.
b) Vsako rezino polente obložite z rezino kuhane klobase.
c) Klobaso z žlico prelijemo z malo paradižnikove omake.
d) Potresemo s parmezanom in okrasimo s svežo baziliko.

13. Party polenta crostini

SESTAVINE:
- 1 paket polente
- 200 gramov sveže naribanega parmezana
- Oljčno olje za ščetkanje
- 3 Slivovi paradižniki, olupljeni, semena in narezani na kocke
- 1 strok česna, olupljen in drobno sesekljan
- 6 Sveži listi bazilike, grobo natrgani
- 4 žlice ekstra deviškega oljčnega olja
- Morska sol v kosmičih in sveže mlet črni poper
- 350 gramov mešane zelenjave, kot so bučke in jajčevci, narezane in narezane
- 1 čajna žlička svežih listov timijana
- 1 žlica balzamičnega kisa
- 75 gramov sira Dolcelatte, narezanega
- 6 tankih rezin parmske šunke, vsako prepolovite

NAVODILA:

ZA POLANTO:
a) Najprej pripravimo polento po navodilih na embalaži.
b) V polento stepemo parmezan.
c) Polento razporedimo po velikem pekaču, da naredimo približno 2,5 cm debelo plast.
d) Pustite, da se ohladi.

ZA PARADIŽNIK AL CRUDO:
a) Paradižnike dajte v skledo in jih premešajte s česnom, baziliko in 2 žlicama olja.
b) Dobro začinite s soljo in sveže mletim črnim poprom.

ZA MARINIRANO ZELENJAVO NA ŽARU:
a) Segrejte rešetko, da se zakadi, nato dodajte preostalo olje in nanjo položite zelenjavo.
b) Pečemo 3-4 minute na vsaki strani do zlato rjave barve.
c) Prestavimo v skledo in začinimo s soljo, sveže mletim črnim poprom in lističi timijana.
d) Dodajte balzamični kis.

ZA SESTAVLJANJE:
a) Ko se polenta ohladi in strdi, jo narežemo na debele dolge prste.
b) Žar segrejte na vročino. Polentne prste premažemo z olivnim oljem in položimo na žar ponev, obloženo s folijo.
c) Polento pražimo pod žarom 2 minuti na vsaki strani, dokler ni zlato rjava in hrustljava.
d) Tretjino prstov polente potresemo s sirom dolcelatte in nabrano parmsko šunko.
e) Pecite na žaru še 2 minuti, dokler se sir ne stopi in začne brbotati.
f) Tretjino polentnih prstov obložimo s paradižniki al crudo, preostanek pa z mešano zelenjavo na žaru.
g) Krostine s polento postrežemo na velikem krožniku.

14. Kvadrati polente na žaru

SESTAVINE:
- 2 stroka česna; drobno sesekljan
- ¼ čajne žličke črnega popra
- 2 skodelici vode
- 2 žlici ekstra deviškega oljčnega olja
- 2 skodelici zaloge
- ⅓ skodelice sira Cotia, naribanega
- 1 skodelica polente
- 4 žlice olivnega olja za ščetkanje
- ½ rdeče čebule; drobno sesekljan
- 1 čajna žlička morske soli
- 2 žlici nesoljenega masla

NAVODILA:
a) V veliki težki ponvi na majhnem ognju segrejte oljčno olje.
b) Čebulo kuhajte približno 3 minute, preden dodate česen.
c) Na močnem ognju zavrite osnovo, vodo in sol.
d) Ogenj zmanjšamo na nizko in ko tekočina zavre, vanjo v tankem curku in ob stalnem mešanju počasi dodajamo polento.
e) Ogenj zmanjšajte na zelo nizko stopnjo in mešajte 25 do 30 minut oziroma dokler se zrna polente ne zmehčajo.
f) Dodajte črni poper, Cotijo in maslo ter dobro premešajte.
g) Polento stresemo v pekač in jo enakomerno razporedimo.
h) Pustite 1 uro na sobni temperaturi.
i) Pekač za žar nanesite z oljem. Polento namažemo z olivnim oljem in narežemo na 8 kvadratov.
j) Predgrejte ponev za žar in pecite kvadrate 9 minut na vsaki strani oziroma dokler ne porjavijo.

GLAVNA JED

15. Risi e Bisi (beneški riž in grah)

SESTAVINE:
- 1 skodelica riža Arborio
- 1 skodelica svežega graha (ali zamrznjenega)
- 1 majhna čebula, drobno sesekljana
- 2 žlici masla
- 4 skodelice zelenjavne ali piščančje juhe
- Sol in poper po okusu
- Nariban parmezan za serviranje

NAVODILA:
a) V ponvi na maslu prepražimo sesekljano čebulo, da postekleni.
b) Dodajte riž in kuhajte nekaj minut, dokler ni rahlo popečen.
c) Nalijte eno skodelico juhe in mešajte, dokler se ne vpije. Nadaljujte s postopnim dodajanjem juhe.
d) Ko je riž skoraj kuhan, dodamo svež ali zamrznjen grah.
e) Kuhajte, dokler riž ni kremast in grah ni mehak. Začinimo s soljo in poprom.
f) Postrežemo vroče, potresemo z naribanim parmezanom.

16.Beneška slanina in fižolova solata

SESTAVINE:
- 5 rezin pancete, narezane in kuhane
- 18 oz kozarec pražene rdeče paprike, odcejene in narezane
- 1 skodelica češnjevih paradižnikov, prepolovljenih
- 3 žlice ekstra deviškega oljčnega olja
- 1 funt sveže mlade špinače
- 2 stroka česna, sesekljana
- 1 15 oz. pločevinka fižola kanelini, oplaknjena in odcejena
- 3 žlice rdečega vinskega kisa
- 1/2 žličke soli
- 1/2 žličke sveže mletega črnega popra
- 1/2 žličke sladkorja
- 1/4 skodelice svežega italijanskega ploščatega peteršilja, sesekljanega
- 1/4 skodelice sveže bazilike, sesekljane

NAVODILA:
a) V srednje veliki skledi zmešajte slanino, papriko in paradižnik.
b) Špinačo oplaknite in ji obrežite stebla.
c) V veliki ponvi na oljčnem olju prepražimo špinačo in česen, dokler špinača ne oveni.
d) Vmešajte kaneline in kuhajte 1 minuto.
e) Dodamo kis, sol, poper in sladkor ter kuhamo 1 minuto.
f) Mešanico preložimo na servirni krožnik in prelijemo z mešanico pancete, paprike in paradižnika. Postrežemo toplo.

17. Beneška riževa in grahova juha

SESTAVINE:
- 1 rumena čebula, sesekljana
- 2 stroka česna, sesekljana
- 1 žlica ekstra deviškega oljčnega olja
- 5 žlic masla
- 1 10 oz. Paket zamrznjenega graha
- 1/2 žličke soli
- 1/2 žličke sveže mletega črnega popra
- 1 skodelica riža Arborio, nekuhanega
- 6 skodelic piščančje juhe
- 1/4 skodelice svežega italijanskega peteršilja
- 1/2 skodelice svežega naribanega parmezana

NAVODILA:
a) V velikem loncu na olivnem olju in maslu prepražimo čebulo in česen, dokler se ne zmehčata.
b) Dodamo grah in kuhamo 2 do 3 minute.
c) Začinimo s soljo in poprom.
d) Dodamo riž in mešamo nekaj minut.
e) Primešamo piščančjo juho in zavremo.
f) Zmanjšajte ogenj in kuhajte približno 30 minut, dokler se riž ne zmehča.
g) Vmešajte peteršilj.
h) Odstranite z ognja in tik pred serviranjem dodajte parmezan.

18. Dušena teletina z bučo

SESTAVINE:
- 1 maslena buča, prepolovljena brez semen in vlaken.
- 3 žlice ekstra deviškega oljčnega olja
- 1 žlica masla
- 2 srednje veliki rumeni čebuli, sesekljani
- 2 stroka česna, sesekljana
- 2 žlici svežega rožmarina
- 2 funta na kocke narezanega telečjega mesa
- 1/2 žličke soli
- 1 žlička sveže mletega črnega popra
- 1 skodelica vina Marsala
- 2 skodelici goveje juhe

NAVODILA:
a) Olupite masleno bučo in narežite na 1/2 inčne kose.
b) V 3 litrih vrele slane vode skuhamo bučo, dokler se ne zmehča.
c) Odcedimo in odstavimo.
d) V majhni ponvi pražite čebulo, česen in rožmarin na 2 žlicah olivnega olja, dokler čebula ne postekleni. Dati na stran.
e) V večjem loncu na preostalem olju in maslu popečemo teletino z vseh strani
f) Začinimo s soljo in poprom.
g) Dodajte marsalo in kuhajte 2 minuti.
h) Dodajte mešanico čebule. masleno bučo in juho ter zavrite.
i) Zmanjšajte ogenj, pokrijte in kuhajte 1 do 1 in 1/2 ure, dokler se meso ne zmehča in buča ni pretlačena.

19. Canederli al Formaggio (sirovi cmoki)

SESTAVINE:
- 300 g starega kruha, narezanega na kocke
- 1 skodelica mleka
- 2 jajci
- 150 g sira (Fontina ali Asiago), naribanega
- 1/4 skodelice masla
- 1/4 skodelice drobtin
- Sol in muškatni oreček po okusu

NAVODILA:
a) Kruhove kocke namočimo v mleko, dokler se ne zmehčajo.
b) Zmešajte jajca, nariban sir, sol in ščepec muškatnega oreščka.
c) Zmes oblikujemo v majhne polpete.
d) Cmoke kuhamo v vreli slani vodi, dokler ne splavajo.
e) V ločeni ponvi raztopimo maslo in prepražimo drobtine do zlatorjave barve.
f) Cmoke povaljamo v zmesi iz drobtin.
g) Postrežemo toplo.

20.Pizzoccheri della Valtellina

SESTAVINE:
- 250 g testenin pizzoccheri (ajdove testenine)
- 200 g narezanega savojskega zelja
- 150 g krompirja, olupljenega in narezanega na kocke
- 100 g masla
- 1 strok česna, sesekljan
- 200 g naribanega sira Valtellina Casera
- 100 g parmezana, naribanega
- Sol in poper po okusu

NAVODILA:
a) Testenine pizzoccheri, zelje in krompir skuhamo v vreli slani vodi.
b) V ločeni ponvi stopite maslo in prepražite sesekljan česen.
c) Testenine in zelenjavo odcedimo, nato pa zmešamo z maslom in česnom.
d) Dodamo nariban sir Valtellina Casera in parmezan.
e) Začinimo s soljo in poprom.
f) Postrezite toplo.

21. Pasta e Fagioli Veneta (Beneške testenine in fižolova juha)

SESTAVINE:
- 250 g testenin (kot ditalini ali majhne školjke)
- 1 skodelica fižola borlotti, kuhanega
- 1 čebula, sesekljana
- 2 stroka česna, nasekljana
- 2 žlici paradižnikove paste
- 1/4 skodelice olivnega olja
- 1 liter zelenjavne juhe
- Sol in poper po okusu
- Svež peteršilj, sesekljan za okras

NAVODILA:
a) V loncu na olivnem olju prepražimo čebulo in česen, dokler se ne zmehčata.
b) Dodajte paradižnikovo pasto in kuhajte nekaj minut.
c) Dodamo kuhan fižol borlotti in zelenjavno juho.
d) Zavremo in nato dodamo testenine. Kuhajte, dokler testenine niso al dente.
e) Začinimo s soljo in poprom ter okrasimo s svežim peteršiljem.
f) Postrezite toplo.

22. Spezzatino di Manzo al Barolo (goveja obara z vinom Barolo)

SESTAVINE:
- 500 g goveje obare, narezanega na kocke
- 1 čebula, drobno sesekljana
- 2 korenčka, narezana na kocke
- 2 stebli zelene, narezani na kocke
- 2 stroka česna, nasekljana
- 1 skodelica vina Barolo
- 2 skodelici goveje juhe
- 2 žlici paradižnikove paste
- Svež rožmarin in timijan
- Olivno olje
- Sol in poper po okusu

NAVODILA:
a) V loncu na oljčnem olju prepražimo goveje kocke.
b) Dodajte čebulo, korenje, zeleno in česen. Pražimo, dokler se zelenjava ne zmehča.
c) Vmešajte paradižnikovo pasto in kuhajte nekaj minut.
d) Prilijemo vino Barolo in pustimo, da se zreducira.
e) Dodamo govejo juho, sveža zelišča, sol in poper.
f) Dušimo na majhnem ognju, dokler se meso ne zmehča.
g) Postrežemo čez polento ali pire krompir.

23. Trofie al Pesto Genovese (Trofie testenine z genoveškim pestom)

SESTAVINE:
- 400 g trofijskih testenin
- 2 skodelici svežih listov bazilike
- 1/2 skodelice naribanega pecorino sira
- 1/2 skodelice naribanega parmezana
- 1/2 skodelice pinjol
- 2 stroka česna
- Ekstra deviško olivno olje
- Sol in poper po okusu

NAVODILA:
a) Trofie testenine skuhamo v osoljeni vreli vodi do al dente.
b) V kuhinjskem robotu zmešajte baziliko, pecorino, parmezan, pinjole in česen.
c) Postopoma dodajajte oljčno olje, dokler ne nastane gladek pesto.
d) Kuhane testenine prelijemo s pestom.
e) Začinimo s soljo in poprom.
f) Postrezite z dodatnim naribanim sirom na vrhu.

24.Stracotto di Manzo (pečenka)

SESTAVINE:
- 1,5 kg goveje pečenke
- 1 čebula, narezana
- 2 korenčka, narezana na kocke
- 2 stebli zelene, narezani na kocke
- 2 stroka česna, nasekljana
- 2 skodelici rdečega vina
- 1 skodelica goveje juhe
- 2 žlici paradižnikove paste
- Svež rožmarin in timijan
- Olivno olje
- Sol in poper po okusu

NAVODILA:
a) Pečico segrejte na 160 °C (325 °F).
b) Govejo pečenko začinimo s soljo in poprom.
c) V nizozemski pečici pečenko popečemo na oljčnem olju z vseh strani.
d) Dodajte čebulo, korenje, zeleno in česen. Pražimo, dokler se zelenjava ne zmehča.
e) Vmešajte paradižnikovo pasto in kuhajte nekaj minut.
f) Zalijemo z rdečim vinom in govejo juho. Dodajte sveža zelišča.
g) Lonec pokrijemo in prestavimo v pečico. Kuhajte 2-3 ure oziroma dokler se meso ne zmehča.
h) Postrezite rezine pečenke z zelenjavo in sokom iz ponve.

25. Pečen hlastač s krompirjem in olivami

SESTAVINE:
- 4 veliki krompirji za pečenje, olupljeni in na tanke rezine narezani
- 6 žlic ekstra deviškega oljčnega olja
- 1 žlica svežega rožmarina, sesekljanega
- 1 čajna žlička soli
- 1 žlička sveže mletega črnega popra
- 15 češnjevih paradižnikov, razpolovljenih
- 1 skodelica oliv Gaeta ali Kalamata brez koščic
- 1 velik cel hlastač ali brancin, očiščen in z luskami
- 1/2 skodelice svežega italijanskega ploščatega peteršilja, sesekljanega
- 3 vejice timijana
- 1 in 1/2 skodelice suhega belega vina

NAVODILA:
a) Pečico segrejte na 400 stopinj.
b) V veliki skledi zmešajte krompir, 3 žlice olivnega olja in rožmarin.
c) Krompir začinite s soljo in poprom
d) Krompirjevo mešanico naložimo v pekač.
e) Dodajte paradižnik in olive ter po vrhu pokapajte še malo olja.
f) Ribe začinite s soljo in poprom.
g) Ribe nadevajte s peteršiljem in timijanom.
h) Ribe položite na krompir in jih po vrhu namažite s preostalim oljčnim oljem.
i) Ribe prelijemo z belim vinom.
j) Pekač pokrijemo z aluminijasto folijo in pečemo 50 minut.
k) Odstranite folijo, ribo namažite in ribo pecite še približno 20 minut.
l) Ribo položite na desko za rezanje.
m) Krompirjevo zmes dajte na velik krožnik.
n) Ribe filete in položite čez krompir, paradižnik in olive.
o) Po vrhu pokapajte sok iz ponve in postrezite.

RIŽOTA

26. Risotto al Tartufo Nero (rižota s črnim tartufom)

SESTAVINE:
- 2 skodelici riža Arborio
- 1/2 skodelice suhega belega vina
- 1 majhna čebula, drobno sesekljana
- 2 stroka česna, nasekljana
- 1/4 skodelice paste ali olja iz črnega tartufa
- 4 skodelice piščančje ali zelenjavne juhe
- Nariban parmezan
- Svež drobnjak, narezan za okras
- Sol in poper po okusu

NAVODILA:
a) Čebulo in česen prepražimo na tartufovi pasti ali olju, dokler se ne zmehčata.
b) Dodamo riž in kuhamo nekaj minut.
c) Zalijemo z vinom in kuhamo, dokler ne izhlapi.
d) Postopoma dodajajte vročo juho in pogosto mešajte, dokler riž ni kremast in kuhan.
e) Začinimo s soljo in poprom.
f) Vmešamo nariban parmezan in okrasimo s svežim drobnjakom.
g) Postrezite takoj.

27. Rižota z grahom in šunko

SESTAVINE:
- skočni sklep neprekajene šunke 1 kg
- korenček, čebula in zelena palčka vsake po 1, sesekljane
- garni šopek 1
- črni poper v zrnu 1 čajna žlička

RIŽOTA
- ploščati peteršilj majhen šopek, liste in stebla nasekljamo
- maslo 2 žlici
- olivno olje 2 žlici
- čebula 1 velika, narezana na kocke
- česen 2 stroka, zdrobljen
- riž za rižoto 300 g
- belo vino 150 ml
- zamrznjen grah 400 g
- parmezan 50g, nariban

NAVODILA:
a) Skočni sklep operemo in damo v večjo ponev s preostalo osnovo ter peteršiljevimi stebli iz rižote.
b) Zalijemo s pravkar zavrelo vodo in pokrito dušimo 3-4 ure, pri čemer posnamemo morebitne nečistoče, ki privrejo na površje, in po potrebi dolijemo, dokler se meso ne odlepi od kosti. Skočni sklep odstranite iz tekočine in rahlo ohladite.
c) Precedite in okusite juho (naj bo 1,5 litra) – mora biti precej slana in z veliko arome. Prelijemo v ponev na majhnem ognju.
d) segrejte 1 žlico masla in olje. Čebulo pražimo 10 minut do mehkega. Stresemo česen, pražimo 1 minuto nato dodamo riž in kuhamo 2-3 minute, da se riž popeče.
e) Prilijte vino in brbotajte, dokler skoraj ne izzveni, nato dodajte jušno juho, zajemalko naenkrat, in redno mešajte 20–25 minut ali dokler riž ni mehak in kremast.
f) S skočnega sklepa šunke odstranimo kožo, meso nasekljamo in zavržemo kosti.
g) V rižoto vmešamo večji del šunke in ves grah. Mešajte, dokler se grah ne zmehča. Odstavite z ognja, dodajte parmezan in preostalo maslo, pokrijte in počivajte 10 minut.
h) Potresemo s preostalo šunko, kančkom olja in peteršiljem.

28. Ham & špargljeva rižota primavera

SESTAVINE:
- prekajen pršut 1 kos, po potrebi namočen čez noč
- korenček 1
- nesoljeno maslo 100 g, narezano na kocke
- čebula 3 srednje, 2 drobno narezane
- česen 2 stroka
- vejica timijana, drobno sesekljana
- riž za rižoto 200 g
- biserni ječmen 200 g
- grah 150 g
- fižol 150 g, po želji dvojni strok
- 6 kolic špargljev, narezanih pod kotom
- mlada čebula 4, narezana pod kotom
- 20 stročjih fižolov, narezanih na kratke kose
- mascarpone 100 g
- parmezan 85g, nariban

NAVODILA:
a) Skočni sklep šunke damo v lonec, poln čiste, hladne vode, skupaj s korenčkom in prepolovljeno čebulo.
b) Pustite vreti in kuhajte 2 uri in pol, občasno posnemajte površino. Po potrebi posodo dolijte z vodo.
c) V močni ponvi stopite maslo in dodajte čebulo, česen in timijan. Kuhamo, dokler se ne zmehčajo, a ne obarvajo.
d) Dodajte riž in biserni ječmen ter kuhajte nekaj minut, dokler se ne prekrijeta z maslom. Med mešanjem postopoma prilivamo osnovo iz šunke in zelenjave.
e) Po približno 15-20 minutah mešanja in dušenja boste porabili skoraj vso juho. Okusite svojo rižoto in če ste zadovoljni s teksturo, rižoto odstavite s štedilnika, vendar jo držite blizu.
f) Zavrite ponev z vodo in vso zeleno zelenjavo razen mlade čebule blanširajte 30 sekund. Odcedimo in stresemo v rižoto.
g) Rižoto ponovno pristavimo na zmeren ogenj in vanjo vmešamo zelenjavo, mlado čebulo in šunko ter pustimo, da se vse skupaj segreje in začini. Vmešamo mascarpone in nariban parmezan ter postrežemo.

29.Risotto al Nero di Seppia (rižota s črnilom sipe)

SESTAVINE:
- 2 skodelici riža Arborio
- 1/2 skodelice suhega belega vina
- 1 majhna čebula, drobno sesekljana
- 2 stroka česna, nasekljana
- 500 g sip ali lignjev, očiščenih in narezanih
- 2 žlici črnila sipe
- 4 skodelice morske ali zelenjavne juhe
- Sol in poper po okusu
- Svež peteršilj, sesekljan za okras
- Nariban parmezan (neobvezno)

NAVODILA:
a) V ponvi na oljčnem olju prepražimo čebulo in česen, da posteklenita.
b) Dodamo riž in kuhamo nekaj minut.
c) Zalijemo z vinom in kuhamo, dokler ne izhlapi.
d) Dodamo sipe in na kratko pokuhamo.
e) V zajemalki vroče juhe raztopimo črnilo sipe in ga dodamo k rižu.
f) Postopoma dodajajte preostalo juho in pogosto mešajte, dokler riž ni kremast in kuhan.
g) Začinite s soljo in poprom, okrasite s peteršiljem in po želji postrezite s parmezanom.

30.Rižota s slanino in paradižnikom

SESTAVINE:
- olje za cvrtje
- čebula 1, drobno sesekljana
- česen 1 strok, zdrobljen
- slanina 4 hrbtni lističi, drobno sesekljani
- riž za rižoto ali carnaroli ali arborio 200g
- sveža piščančja osnova, dopolnjena do 1 litra
- češnjevih paradižnikov 12, po želji odstranite peclje

NAVODILA:
a) V široki ponvi segrejemo malo olja in nekaj minut rahlo pražimo čebulo, da se zmehča, dodamo česen in polovico slanine ter vse skupaj popražimo.
b) Dodamo riž in dobro premešamo, nato dodajamo juho po nekaj zajemalkah naenkrat, vsako količino mešamo, dokler se popolnoma ne vpije in rižota postane kremasta, vendar še vedno zadrži majhen grižljaj (morda vam ne bo treba porabiti vse juhe).).
c) Medtem segrejemo drugo ponev z malo olja in na močnem ognju popečemo preostalo slanino s paradižnikom, da porjavi. Rižoto z žlico postrežemo.

31. Panceta rižota z radičem

SESTAVINE:
- maslo 25g
- olivno olje 2 žlici
- šalotke 4, drobno narezane
- dimljena panceta 75g, na kocke
- radič 1, približno 225g
- riž za rižoto 225g
- piščančja juha 500-600 ml
- panceta 4-6 tanko narezanih rezin
- polnomastna kremšnita 2 žlici
- parmezan 25-50g, drobno nariban

NAVODILA:
a) V manjši posodi stopite maslo in olivno olje. Dodamo šalotko in rahlo pražimo do mehkega. Dodamo na kocke narezano panceto in med mešanjem še naprej kuhamo, da postane skoraj hrustljava. Medtem radiču odrežemo zgornjo polovico in ga natrgamo. Spodnjo polovico narežite na tanke zagozde, obrežite korenino, vendar je zadaj pustite dovolj, da zagozde držijo skupaj.
b) V ponev dodamo riž, minuto ali dve hitro mešamo, nato dodamo nastrgan radič in zajemalko jušne osnove. Kuhajte na rahlem vrenju, občasno premešajte in dodajte več jušne osnove, ko se vpije.
c) Medtem segrejemo litoželezno ponev in na obeh straneh popečemo rezine radiča, da rahlo zoglenejo. Odstranite in postavite na stran.
d) Segrejemo ponev in rezine pancete na suho prepražimo, da maščoba zlato porumeni. Odstranite iz ponve in postavite na stran – postali bodo hrustljavi.
e) Ko je riž skoraj kuhan, a še vedno dobro ugriznjen (približno 20 minut), preverite, ali so začimbe, ugasnite ogenj, dodajte crème fraîche in dodatno maslo, dobro premešajte, posodo pokrijte in pustite 5 minut . Tik preden postrežemo, vmešamo na oglju pečene rezine radiča.
f) Vsak krožnik potresemo s hrustljavo panceto in parmezanom.

32. Bučna rižota

SESTAVINE:
- 75 g (3 oz) debelo narezane pancete ali vrhunske prekajene slanine, narezane na kocke
- 1 srednje velika čebula, sesekljana
- 500 g (1 lb 2 oz) zrele oranžne buče ali maslene buče, olupljene, brez semen in narezane
- morska sol in sveže mlet črni poper
- 400 g (14 oz) po možnosti riža Carnaroli
- 1,2 litra (2 pinta) približno zelenjavne ali piščančje juhe, ki naj vre
- pest drobno sesekljanega svežega peteršilja
- 1 čajna žlička limoninega soka ali belega vinskega kisa
- 2 žlici nesoljenega masla
- 3 zvrhane žlice sveže naribanega sira Grana Padano

NAVODILA:

a) Panceto rahlo prepražimo v velikem loncu z debelim dnom, dokler maščoba ne odteče, nato dodamo čebulo in pražimo, dokler se ne zmehča.

b) Dodajte bučo in jo nežno kuhajte s čebulo in panceto, dokler se ne zmehča in postane kašasta.

c) Dodamo riž in ga previdno popečemo z vseh strani, nato začnemo dolivati osnovo, premešamo in pustimo, da riž vpije tekočino, dodamo še osnovo, začinimo po okusu in ko riž vpije tekočino, dodamo še.

d) Nadaljujte tako, dokler se riž ne zmehča in vsa zrna niso polna in kuhana.

e) Vmešajte peteršilj, limonin sok ali kis, maslo in Grana Padano, odstavite z ognja in pokrijte.

f) Pustimo stati tri minute, nato ponovno premešamo in prestavimo na segret krožnik. Postrezite takoj.

33. Goveji file in porova rižota

SESTAVINE:
- 2 8 oz goveji file
- 50 gramov Riž arborio
- 100 gramov Svež peteršilj
- ½ majhne Por
- 2 unči Krvavice
- 40 gramov Dimljeni sir wedmore
- 20 gramov Peteršilj
- 1 Konzervirani file sardona
- 1 žlica Pinjole; popečen
- 2 Stroki česna; sesekljan
- ½ Rdeča čebula; sesekljan
- ½ Ustekleničeno rdeče vino
- 500 mililitrov Sveža goveja juha
- ½ korenček; drobno sesekljan
- ½ Rdeča paprika; drobno sesekljan
- 15 gramov Ploščati peteršilj
- Balzamični kis
- maslo
- Deviško oljčno olje
- Kamena sol in sveže mlet črni poper

NAVODILA:
a) ponvi na malo masla prepražimo polovico čebule in česna ter brez barvila kuhamo približno 30 sekund.
b) Nato dodajte riž in kuhajte še 30 sekund, nato dodajte 250 ml jušne osnove in zavrite. Por narežemo na majhne kocke in ga dodamo v ponev ter dušimo približno 13 minut, da se riž skuha.
c) Za pripravo pesta, ki mora biti precej gost, dodajte peteršilj, strok česna, sardone, pinjole in nekaj oljčnega olja v mešalnik ter pretlačite v pesto in pustite na eni strani.
d) Nato segrejemo eno ponev in v ponvi dobro začinimo file in začinimo na malo olja. Ponev deglaziramo z rdečim vinom in osnovo, zavremo in počasi kuhamo 5 minut, nato pa zrezek odstranimo. Ogenj povečajte in zmanjšajte, dokler se rahlo ne zgosti, omako zaključite s koščkom masla in začimbami.
e) Za serviranje rižoti dodamo olupljen in na kocke narezan črni puding ter dimljen sir, sesekljan ploščat peteršilj in dobro začinimo. To položite na sredino vsakega krožnika z zrezkom na vrhu.
f) Prelijemo z žlico peteršiljevega pesta in postrežemo z omako ob robu ter potresemo z drobno narezano zelenjavo.

34. Rižota s čedarjem in mlado čebulo

SESTAVINE:
- maslo 25g
- mlada čebula 6, sesekljana
- riž za rižoto 150 g
- belo vino s brizganjem (neobvezno)
- zelenjavna ali piščančja juha 750 ml
- Dijonska gorčica ½ čajne žličke
- zrel cheddar 100g, nariban

BALZAMIČNI PARADIŽNIK
- olivno olje 1 žlica
- češnjev paradižnik 100 g
- balzamičnega kisa
- bazilika majhen šopek, sesekljan

NAVODILA:

a) V široki plitvi ponvi raztopimo maslo. Mlado čebulo kuhajte 4-5 minut ali dokler ni mehka. Dodajte riž in ga med mešanjem kuhajte nekaj minut. Dodajte vino, če ga uporabljate, in brbotajte, dokler se ne vpije.

b) Postopoma po malem vmešajte osnovo in znova počakajte, da se vpije, preden dodate več. Ponavljajte, dokler riž ni kremast, tekoč in mehak (morda vam ne bo treba uporabiti vse jušne osnove ali pa boste morda morali dodati še malo, če je mešanica pregosta).

c) Medtem v ločeni majhni ponvi na srednje močnem ognju segrejte olivno olje in kuhajte paradižnike z veliko začimb, dokler ne začnejo ravno pokati.

d) V rižoto vmešamo gorčico in sir ter po potrebi popopramo in malo solimo. Prelijte v tople sklede in prelijte s paradižniki, kančkom balzamike in nekaj bazilike.

35. Rižota z rdečo peso

SESTAVINE:
- maslo 50 g
- čebula 1, drobno sesekljana
- riž za rižoto 250 g
- belo vino 150 ml
- zelenjavna osnova 1 liter, vroča
- gotova rdeča pesa 300g pak
- 1 limona, olupljena in iztisnjen sok
- ploščati peteršilj majhen šopek, grobo sesekljan
- mehki kozji sir 125g
- pest orehov, opečenih in sesekljanih

NAVODILA:
a) V globoki ponvi stopite maslo in čebulo z začimbami pražite 10 minut, dokler se ne zmehča. Dodajte riž in mešajte, dokler niso prekrita vsa zrna, nato prilijte vino in brbotajte 5 minut.
b) Med mešanjem dodajajte jušno juho po zajemalko in jo dodajte šele, ko se prejšnja količina vpije.
c) Medtem vzemite 1/2 rdeče pese in jo v majhnem mešalniku stepite do gladkega, preostanek pa sesekljajte.
d) Ko je riž kuhan, vanj vmešamo pretlačeno in nasekljano rdečo peso, limonino lupinico in sok ter večji del peteršilja. Razdelite na krožnike in na vrh potresite nadrobljen kozji sir, orehe in preostali peteršilj.

36.Rižota z bučkami

SESTAVINE:
- zelenjavna ali piščančja juha 900 ml
- maslo 30 g
- mlade bučke 200g (približno 5-6), diagonalno debelo narezane
- olivno olje 2 žlici
- šalotka 1 dolga ali 2 kroga, drobno sesekljana
- česen 1 strok, zdrobljen
- riž za rižoto 150 g
- suho belo vino majhen kozarec
- mete pest listov, sesekljan
- ½ limone, olupljene in iztisnjenega soka
- parmezan (ali vegetarijanska alternativa) 30 g, drobno nariban, plus dodatek za postrežbo

NAVODILA:
a) Zalogo pustimo v ponvi na majhnem vrenju.
b) V globoki široki ponvi raztopimo polovico masla. Bučke z nekaj začimb popecite na obeh straneh, da rahlo zlato porumenijo. Izdolbemo in odcedimo na kuhinjskem papirju. Obrišite ponev.
c) segrejte 2 žlici olivnega olja, nato rahlo kuhajte šalotko in česen 6-8 minut oziroma dokler se ne začneta mehčati. Vmešajte riž in segrevajte minuto.
d) Prilijemo vino in brbotamo ter mešamo, dokler ne izhlapi. Zalogo dodajajte po zajemalki, da se tekočina vpije, preden jo dodate. Dodajajte osnovo, dokler se riž ne zmehča in ostane le majhen košček.
e) Primešamo bučke in jih pustimo minuto segrevati. Dodamo meto in vmešamo v riž z limoninim sokom in lupinico, parmezanom, preostalim maslom in zadnjo zajemalko jušne osnove. Rižota mora biti precej kremasta in tekoča, zato ji dodajte dodatno osnovo.
f) Pokrijte in pustite stati nekaj minut, nato postrezite v toplih skledah z dodatnim sirom, če želite.

37. Koromačeva rižota s pistacijama

SESTAVINE S :
- 2 skodelici Piščančja juha v kombinaciji z
- 1 skodelica vode
- 1 žlica Maslo ali margarina
- 2 žlici Olivno olje
- 1 skodelica Drobno sesekljano čebulo
- 1 srednja Čebulica komarčka
- 1 srednja Rdeča paprika, sesekljana
- 2 medija Stroki česna, mleto
- 1½ skodelice Riž arborio
- ⅓ skodelice Oluščene pistacije, sesekljane
- Sveže mleti črni poper
- ¼ skodelice Nariban parmezan

NAVODILA:

a) Kombinacijo juhe in vode segrejte na srednje nizkem ognju. Obdrži toplo.

b) V veliki ponvi, po možnosti proti prijemanju, ali velikem loncu segrejte maslo in olje na zmernem ognju, dokler se ne segrejeta. Dodamo čebulo, koromač in rdečo papriko; pražimo 5 minut. Dodamo česen in pražimo še eno minuto.

c) Vmešajte riž in kuhajte, mešajte 2 minuti. Počasi začnite dodajati tekočino, približno zajemalko naenkrat. Pokrito kuhajte na srednje nizkem ognju 10 minut, občasno premešajte.

d) Tekočino dodajajte počasi in pogosto mešajte. Vsakič počakajte, da se tekočina vpije, preden dodate naslednjo zajemalko. Postopek kuhanja ponovite pokrito 10 minut.

e) Odkrijte in nadaljujte z dodajanjem tekočine ter pogostim mešanjem. Rižota naj se kuha približno 30 minut. Končana rižota mora biti kremasta, z malo žvečljivega osrednjega dela riža.

f) Dodajte pistacije, poper in parmezan v končano rižoto in mešajte, dokler se ne zmeša.

38. Rižota iz sladkega krompirja z zelišči

SESTAVINE:
- 1 žlica Deviško oljčno olje
- 1 skodelica Kocke (1") sladkega krompirja
- 1 skodelica Riž arborio
- ½ skodelice Sesekljana čebula
- 1 žlica Sesekljan svež žajbelj
- 1 čajna žlička Naribana pomarančna lupinica
- ⅛ čajne žličke Mleti muškatni oreček
- 2 skodelici Razmaščena piščančja osnova
- ¼ skodelice pomarančni sok
- Sol in črni poper
- 1 žlica Nariban parmezan
- 2 žlici Sesekljan svež italijanski peteršilj

NAVODILA:
a) V veliki skledi, primerni za uporabo v mikrovalovni pečici, segrejte olje v mikrovalovni pečici 1 minuto na visoki temperaturi.
b) Vmešajte sladki krompir, riž, čebulo, žajbelj, pomarančno lupinico in muškatni oreček.
c) Mikrovalovna pečica, odkrita 1 minuto. Primešajte 1½ skodelice jušne osnove.
d) Pecite v mikrovalovni pečici 10 minut in na polovici kuhanja enkrat premešajte.
e) Primešajte preostali ½ skodelice jušne osnove in pomarančni sok. Pecite v mikrovalovni pečici 15 minut in na polovici kuhanja enkrat premešajte.
f) Solimo in popramo po okusu. Potresemo s parmezanom in peteršiljem.

39. Rizota z gobami

SESTAVINE:
- 4½ skodelice Zelenjavna zaloga; ali miso prepojena juha, slana
- 1 žlica Ekstra deviško olivno olje
- ½ skodelice rose-sushi riž
- ½ skodelice Sake
- Košer sol
- Sveže mleti črni poper
- ½ skodelice Enoki gobe
- ½ skodelice Sesekljane čebulice
- ¼ skodelice Kalčki redkvice

NAVODILA:
a) Če uporabljate juho z mešanico misa, zmešajte 1 žlico misa s 4½ skodelice vode in zavrite. Ogenj zmanjšamo in pustimo vreti.
b) V veliki kozici segrejte olivno olje na srednje močnem ognju. Dodajte riž, nenehno mešajte v eno smer, dokler ni dobro prevlečen. Ponev odstavimo z ognja in dodamo sake.
c) Vrnite na ogenj in nenehno mešajte v eno smer, dokler ne vpije vsa tekočina. Dodajte osnovo ali juho v korakih po ½ skodelice in nenehno mešajte, dokler se z vsakim dodatkom ne vpije vsa tekočina.
d) Začinimo s soljo in poprom. Z žlico naložite v servirne sklede, okrasite z gobami, kapesanto in kalčki ter postrezite.
e) Okrasite z nežnimi enoki gobami, sesekljano kapesanto in pikantnimi kalčki redkve.

40.Borovničeva rižota z jurčki

SESTAVINE:
- 8¾ unče Sveži jurčki , narezani
- 1 majhna čebula; drobno sesekljan
- ¾ unče maslo
- 5 unč Riž za rižoto; nebrušena
- 5½ unč Borovnice
- ¼ skodelice Belo vino; suho
- 1¾ skodelice Bouillon
- ¼ skodelice Olivno olje
- 1 Vejica timijana
- 1 strok česna; pire
- 2 unči maslo

NAVODILA:

a) V kozici segrejemo maslo in prepražimo čebulo. Primešamo riž in borovnice, ki jih na kratko prepražimo. Navlažite z vinom, kuhajte, dokler se ne absorbira; navlažite z juho in kuhajte do mehkega. Nenehno mešamo, po potrebi dodamo malo juhe. Začinimo s soljo in poprom.

b) V ponvi segrejemo olje, prepražimo gobe, česen in timijan. Maslo vmešamo v rižoto. Prestavimo na tople krožnike in okrasimo z gobami.

41. Rižota s šparglji in gobami

SESTAVINE:
- Olivno ali solatno olje
- 1½ funtov Šparglji, obrezani s trdimi konicami in narezani na 1 1/2-palčne kose
- 2 medija Korenje, narezano na tanke rezine
- ¼ funtov Gobe šitake, odstranjenim steblom in narezanim klobukom na 1/4 palca debelo
- 1 srednja Čebula, sesekljana
- 1 srednja Rdeča paprika, narezana na 1 cm dolge kot vžigalica tanke trakove
- 2 paketa (5,7 oz) mešanica za rižoto z okusom primavera ALI z okusom gob
- Vejice peteršilja za okras
- Nariban parmezan (opcija)

NAVODILA:

a) V 4-litrski ponvi na srednje močnem ognju v 1 T vročega olivnega ali solatnega olja kuhajte špargalje, dokler ne postanejo zlati in nežno hrustljavi. Z žlico z režami odstranite špargalje v skledo.

b) Na olju, ki je ostalo v ponvi, in dodatnem vročem oljčnem ali solatnem olju kuhajte korenje, gobe in čebulo, dokler zelenjava ne zmehča. hrustljava in začne rjaveti. Dodajte rdečo papriko; kuhamo, mešamo, 1 minuto.

c) Dodajte mešanico rižote in 4 C vodo, na močnem ognju segrejte do vrenja.

d) Zmanjšajte toploto na nizko; pokrijemo in dušimo 20 minut. Odstranite ponev z ognja. Vmešamo špargalje; pokrijte in pustite stati 5 minut, da riž vpije tekočino.

e) Za serviranje rižoto naložite na krožnik. Okrasite z vejicami peteršilja.

f) Po želji postrezite z naribanim parmezanom.

42. Pirina rižota z gobami

SESTAVINE:
- posušene gobe jurčki 20 g
- rastlinsko olje 2 žlici
- kostanjevi gobici 250g, narezani
- čebula 1, drobno sesekljana
- česen 2 stroka, drobno sesekljan
- biserna pira 250g
- kozarec belega vina (neobvezno)
- zelenjavna juha 500 ml, vroča
- mehki sir 2 žlici
- Italijanski trdi sir 25 g, drobno nariban, plus dodatek za postrežbo
- ploščati peteršilj majhen šopek, liste natrgamo
- 1 limona, olupljena in iztisnjen sok

NAVODILA:
a) Posušene jurčke stresemo v manjšo posodo in prelijemo z 250 ml pravkar zavrele vode.
b) segrejte 1 žlico rastlinskega olja in dodajte kostanjeve gobe. Kuhajte 5-10 minut oziroma dokler vsa vlaga ne izhlapi in niso karamelizirani.
c) Zmanjšamo ogenj in dodamo preostalo olje, čebulo, česen in malo začimb ter na tihem kuhamo 5 minut do mehkega.
d) Dodajte piro in mešajte, dokler ni popolnoma prekrita z oljem. Zalijemo z vinom, če ga uporabljamo, in kuhamo, dokler se ne zmanjša za 1/2.
e) Jurčke odcedimo, tekočino obdržimo, nasekljamo in vmešamo v rižoto. Tekočino iz jurčkov dodamo v osnovo in jo po zajemalki vmešamo v rižoto. Kuhajte 25 minut oziroma dokler se pira ne zmehča.
f) Premešajte mehke in trde sire, nato pa peteršilj.
g) Za serviranje razdelite med sklede, stisnite malo limoninega soka, potresite limonino lupinico in dodaten sir, če želite.

43.Rižota s školjkami

SESTAVINE:
- 1,2 kg (2 lbs) svežih, živih školjk, temeljito skrtačenih in očiščenih
- 6 žlic ekstra deviškega oljčnega olja
- 2 stroka česna, olupljena in drobno sesekljana
- 600 g zrelih, mehkih paradižnikov,
- 350 g (l2 oz) po možnosti riža Arborio
- 1,2 litra (2 pinta) ribje juhe
- pest svežega listnatega peteršilja
- morska sol in sveže mlet črni poper
- 25 g (1 oz) nesoljenega masla

NAVODILA:
a) Vse čiste školjke dajte v široko, plitvo ponev. Ponev pokrijemo in ponev postavimo na srednji do močan ogenj.
b) Ponev pretresite nad ognjem, da se vse školjke odprejo.
c) Po približno 8 minutah se bodo odprle vse tiste, ki se bodo odprle. Školjke vzemite ven, ko se odprejo.
d) Školjke odstranite iz školjk in zavrzite vse razen najlepših školjk, ki jih lahko prihranite za okras.
e) Tekočino iz školjk precedite skozi zelo fino cedilo in odstavite. Zavrzite vse neodprte lupine in prazne lupine, ki jih ne želite.
f) Nato skupaj prepražimo česen in olje, dokler česen ne postane rjav, nato dodamo ves riž.
g) Temeljito premešajte, dokler riž ne prasketa in je dobro prekrit z oljem in česnom. Zdaj dodajte tekočino iz školjk in paradižnika.
h) Mešajte, dokler riž ne vpije tekočine, nato pa postopoma prilivajte vročo ribjo osnovo.
i) Neprestano mešajte in dodajte juho šele, ko riž popije prejšnjo količino.
j) Tako nadaljujemo, dokler ni riž kuhan na tri četrtine, nato dodamo kuhane školjke in peteršilj.
k) Začinite s soljo in poprom ter nadaljujte z dodajanjem jušne mase, premešajte in dolijte še eno juho, ko riž vpije prejšnjo juho.
l) Ko je riž kremast in žameten, a so zrna v sredini še čvrsta, rižoto odstavimo z ognja in vanjo vmešamo maslo.
m) Pokrijemo in pustimo počivati 2 minuti, nato prestavimo na segret krožnik, okrasimo s prihranjenimi školjkami in takoj postrežemo.

44. Crabina torta & rižota z zeleno čebulo

SESTAVINE:
- 300 mililitrov Belov file
- 2 jajca
- Sol in mleti beli poper
- 1 Rdeči čili; s semeni in drobno
- ; sesekljan
- ½ čajne žličke Mlet koriander
- ½ čajne žličke Mleti ingver
- Malo drobno naribane limetine lupinice
- 1 šalotka; drobno sesekljan
- 85 mililitrov Dvojna krema
- 100 gramov Meso belega raka
- Navadno moko in suhe drobtine za
- ; premazovanje
- 1 žlica Olivno olje
- 2 šalotka; drobno sesekljan
- 1 strok česna; drobno sesekljan
- ½ čajne žličke Svež timijan; sesekljan
- 200 gramov Riž za rižoto
- 400 mililitrov Vroča zelenjavna osnova
- 2 žlici Dvojna krema
- 100 gramov Mascarpone
- 4 Mlada čebula; sesekljan
- 75 gramov Parmezan; nariban
- 200 gramov Slivov paradižnik; skinned, seeded
- 3 šalotka; drobno sesekljan
- 1 Rdeči čili; zasejan
- 1 strok česna; zdrobljen
- 4 čajne žličke Gorčični vinaigrette
- Rastlinsko olje za globoko cvrtje
- 4 žlice Čilijevo olje
- vejice čebulice; okrasiti

NAVODILA:
a) Za pogače z rakovicami beljak z 1 jajcem utekočinite do gladkega. Dodamo sol, poper, čili, koriander, ingver, limetino lupinico in šalotko, nato dodamo smetano in rakovo meso.
b) Razdelite na štiri in oblikujte kroge. Ohladite do trdnega.
c) Povaljamo v moki, namažemo s preostalim stepenim jajcem in potresemo s krušnimi drobtinami. Ponovno premažite z moko, jajcem in drobtinami, nato ohladite rakovice, dokler niso pripravljene za kuhanje.
d) Za rižoto v ponvi segrejemo olje, na katerem prepražimo šalotko, česen in timijan do mehkega. Dodamo riž in kuhamo 2-3 minute, nato zalijemo z vročo osnovo.
e) Med pogostim mešanjem kuhajte 10-15 minut, dokler se riž ne zmehča, vendar še vedno rahlo ugrizne.
f) Ko ste pripravljeni za serviranje, vmešajte smetano in ponovno segrejte. Dodamo mascarpone, mlado čebulo in parmezan ter preverimo začimbe.
g) Za salso zmešajte vse sestavine in ohladite.
h) Za serviranje popečemo rakovice v vročem olju do zlate barve. Odcedimo na kuhinjskem papirju. Na sredino štirih servirnih krožnikov z žlicami razporedite vročo rižoto in na vsako položite pogačo iz rakov. Na vsak kolaček z žlico nanesite malo salse in pokapajte rižoto s čilijevim oljem. Okrasite z vejicami čebulice.

45. kozicami in sladkimi šiškami

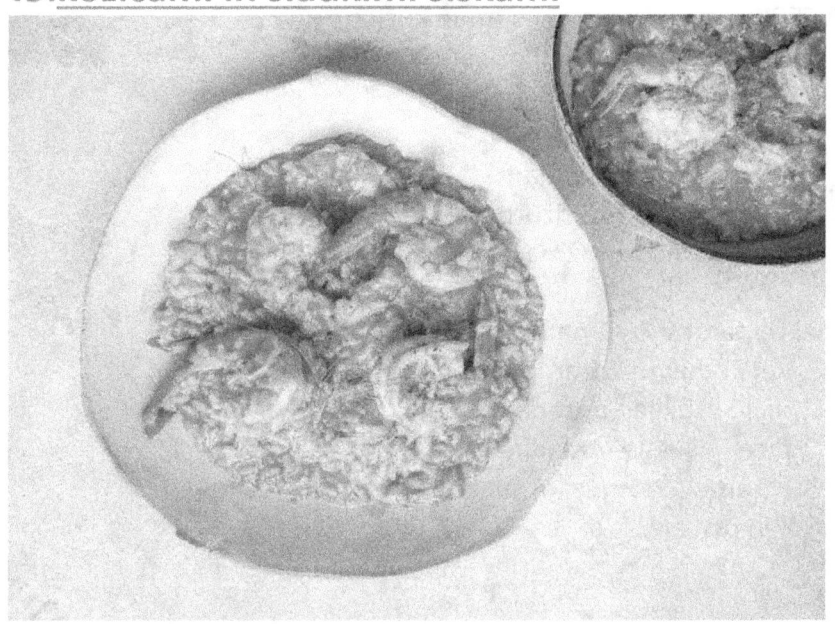

SESTAVINE:
- 550 gramov Naglavne surove kozice
- 1¼ litra Zelenjavna ali piščančja osnova
- 85 gramov Nesoljeno maslo
- 2 šalotka; sesekljan
- 2 Strok česna; sesekljan
- 300 gramov Riž za rižoto
- 1 majhna Spri g rožmarina; 4 cm dolga
- 1 Lovorjev list
- 250 gramov Zreli paradižniki , sesekljani
- 1 Velikodušno kozarec suhega belega vina
- 2 žlici Sesekljan peteršilj
- 3 žlice Sesekljane sladke cilice
- 30 gramov Parmezan; sveže naribano
- Sol in poper

NAVODILA:

a) Kozice olupimo, meso obdržimo. V ponvi segrejte 15 g/1/2 oz masla v dovolj veliki ponvi, da je zaloga dovolj prostora.

b) Ko se speni, dodamo lupine in glave kozic ter mešamo, dokler ne postanejo lepo školjkasto rožnate. Dodajte osnovo in 600 ml vode ter zavrite. Kuhajte 30 minut, da izločite okus kozic in precedite.

c) Za kozice: Če vidite črno črto, ki poteka po njihovem hrbtu, naredite zarezo s konico ostrega noža po hrbtu in odstranite drobno črno drobovje tik pod površino. Če so tigraste, kraljeve ali neke vrste velike kozice, jih razpolovite ali tretjinite.

d) Po potrebi juho zavremo in ogenj zmanjšamo na nitko, da ostane vroča in ne izvre. V široki ponvi stopite 45 g/1 1/2 oz preostalega masla.

e) Šalotko in česen zelo rahlo prepražimo na maslu, da posteklenita, ne da bi porjavela. V ponev dodamo rožmarin, riž in lovorov list ter mešamo približno minuto, dokler riž ne postekleni.

f) Dodamo paradižnik, peteršilj in vino. Začinimo s soljo in obilo popra ter pustimo vreti. Riževo mešanico nenehno mešajte, dokler ne popije vsa tekočina. Dodajte izdatno zajemalko jušne osnove in mešajte, dokler se tudi ta ne vpije.

g) Ponavljajte, dokler riž ni mehak, vendar z rahlo trdoto, vendar zagotovo ne kredasto. Konzistenca mora biti na meji juhe, saj je do priprave še nekaj minut.

h) Čas, da se tekočina vpije in riž skuha, mora biti približno 20-25 minut.

i) Nazadnje vmešajte kozice in sladko kepico ter med mešanjem kuhajte še 2-3 minute, dokler kozice ne postanejo rožnate. Vmešajte preostalo maslo in parmezan, okusite in prilagodite začimbe ter postrezite.

46.Pesto orehova rižota

SESTAVINE:
- 1½ žlice Rastlinsko olje
- ¾ skodelice Čebula, sesekljana
- 1 skodelica Riž arborio
- 3 skodelice Piščančja juha z nizko vsebnostjo maščob
- ¼ skodelice Skoraj nemasten pesto
- ½ skodelice orehi
- ¾ skodelice parmezan
- Sveže mleti črni poper

NAVODILA:
a) V 2-litrski posodi, primerni za uporabo v mikrovalovni pečici, segrejte olje na visoki temperaturi 2 minuti.
b) Vmešajte čebulo in kuhajte na visoki temperaturi 2:30. Vmešajte riž, da se pokapa z oljem in kuhajte 1:30. Dodajte 2 skodelici juhe in kuhajte na visoki temperaturi 14 minut ter enkrat premešajte.
c) Dodamo preostalo juho in pesto ter med enkratnim mešanjem kuhamo 12 minut. Preizkusite pripravljenost v zadnjih nekaj minutah kuhanja.
d) Odstranite iz mikrovalovne pečice in vmešajte orehe in parmezan. Postrezite takoj.

47. Rižota z osmimi zelišči

SESTAVINE:
- Ekstra deviško olivno olje
- 1 strok česna
- 7 unč Nelepljivi riž
- 1 skodelica belo vino
- 4 Pelati; sesekljan
- Sol
- 1 Košček masla
- 4 žlice Parmigiano Reggiano
- 3 žlice Krema
- 6 Listi bazilike
- 4 Listi žajblja
- 1 Šopek peteršilja
- Nekaj iglic svežega rožmarina
- 1 ščepec timijan
- 1 Šop drobnjaka
- 3 Vejice svežega kopra

NAVODILA:
a) Zelišča drobno nasekljamo in rahlo popražimo na oljčnem olju, skupaj s česnom.
b) Medtem v slani vodi skuhamo narezan paradižnik.
c) Česen odstranimo in dodamo riž, na kratko prepražimo in prilijemo skodelico belega vina.
d) Ko tekočina izpari, dodamo narezan paradižnik.
e) Dodamo košček masla, obilen parmigiano in na koncu nekaj žlic smetane.

PRŠUT

48. Skodelice s pečenim pršutom

SESTAVINE:
- 1 žlica olivnega olja
- 12 rezin pršuta
- 12 velikih jajc
- 2 skodelici mlade špinače
- sol in poper

NAVODILA:
a) Pečico segrejte na 400 stopinj.
b) Vsak predel pekača za mafine namažite z oljčnim oljem. V vsak predelek položite eno rezino pršuta in pritisnite, da se prepričate, da so stranice in dno popolnoma obloženi (morda boste morali pršut natrgati na več kosov, da boste lažje dobili obliko skodelice).
c) V vsako skodelico položite 2-3 liste mlade špinače in na vrh položite jajce. Po okusu potresemo s soljo in poprom.
d) Pečemo 12 minut za rumenjak ali do 15 minut za tršega rumenjaka.

49.Zavitek za zajtrk s pršutom in jajcem

SESTAVINE:
- 4 velika jajca
- 4 rezine pršuta
- ¼ skodelice naribanega cheddar sira
- ½ skodelice listov mlade špinače
- Sol in poper po okusu
- 4 velike tortilje iz moke

NAVODILA:
a) V skledi zmešajte jajca in jih začinite s soljo in poprom.
b) Na srednjem ognju segrejte ponev, ki se ne sprijema, in vanjo vlijte stepena jajca.
c) Jajca med občasnim mešanjem kuhajte, dokler niso umešana in popolnoma kuhana.
d) Tortilje iz moke razporedite po njih in nanje enakomerno porazdelite umešana jajca.
e) Vsako tortiljo obložite z rezino pršuta, nekaj naribanega čedar sira in peščico listov mlade špinače.
f) Tortilje tesno zvijte, ob straneh jih zavihajte.
g) Čisto ponev segrejte na zmernem ognju in položite zavitke s šivi navzdol na ponev.
h) Zavitke pečemo nekaj minut na vsaki strani, dokler rahlo ne porjavijo in se sir stopi.
i) Odstranite iz ponve in postrezite vroče.

50. Omleta s pršutom in sirom

SESTAVINE:
- 4 velika jajca
- 4 rezine narezanega pršuta
- ½ skodelice naribanega sira mozzarella
- ¼ skodelice sesekljane sveže bazilike
- Sol in poper po okusu
- 2 žlici olivnega olja

NAVODILA:
a) V skledi stepemo jajca in jih začinimo s soljo in poprom.
b) V ponvi proti prijemanju na srednjem ognju segrejte olivno olje.
c) Stepena jajca vlijemo v ponev in jih pustimo kuhati minuto ali dve, da se robovi začnejo strjevati.
d) Po polovici omlete potresemo narezan pršut, nastrgano mocarelo in sesekljano baziliko.
e) Drugo polovico omlete prepognemo čez nadev in kuhamo še minuto, da se sir stopi.
f) Omleto zložimo na krožnik in jo narežemo na kolesca.
g) Postrezite toplo.

51.Fritata s pršutom in paradižnikom

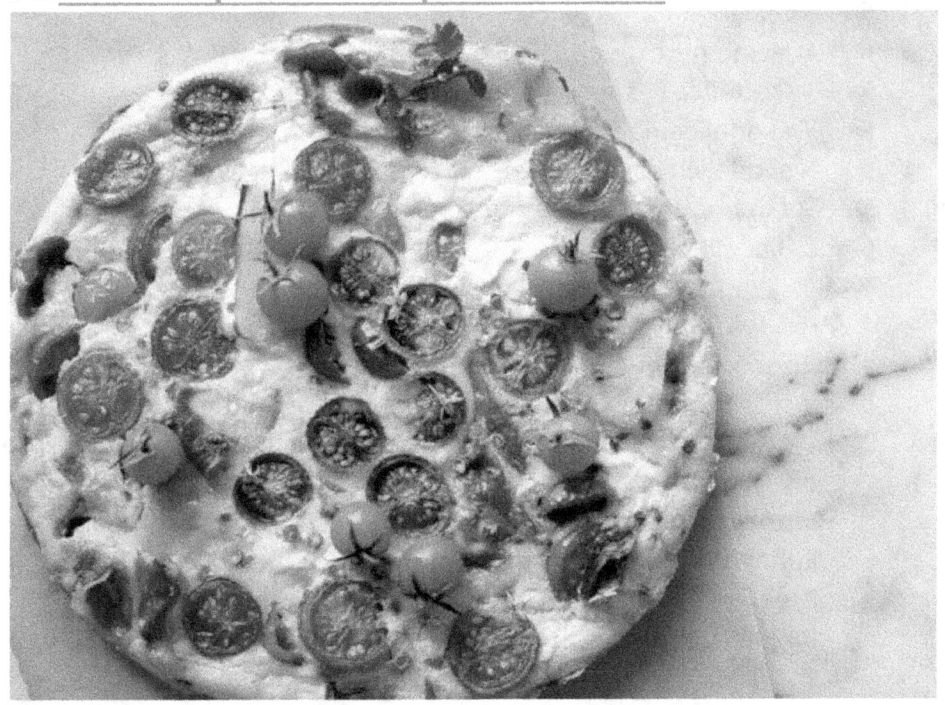

SESTAVINE:
- 8 velikih jajc
- 4 rezine narezanega pršuta
- 1 skodelica češnjevih paradižnikov, prepolovljena
- ½ skodelice naribanega sira Gruyere
- ¼ skodelice sesekljanega svežega peteršilja
- Sol in poper po okusu
- 2 žlici olivnega olja

NAVODILA:
a) Pečico segrejte na 375 °F (190 °C).
b) V skledi zmešajte jajca in jih začinite s soljo in poprom.
c) V ponvi, primerni za pečico, na srednjem ognju segrejte olivno olje.
d) V ponev dodamo nasekljan pršut in češnjeve paradižnike ter kuhamo nekaj minut, da se paradižniki zmehčajo.
e) Preko pršuta in paradižnika v ponev vlijemo stepena jajca.
f) Po jajcih enakomerno potresemo nastrgan sir Gruyere in sesekljan peteršilj.
g) Ponev prestavimo v predhodno ogreto pečico in pečemo približno 15 minut ali dokler se fritaja ne strdi in zlato rjavo zapeče.
h) Odstranite iz pečice in pustite, da se nekoliko ohladi, preden ga narežete.
i) Postrezite toplo ali pri sobni temperaturi.

52. Piščanec z baziliko

SESTAVINE:
- 4 polovice piščančjih prsi brez kože in kosti
- ½ skodelice pripravljenega bazilikinega pesta, razdeljenega
- 4 tanke rezine pršuta, po potrebi tudi več

NAVODILA:
a) Pekač premažite z oljem in nato pečico segrejte na 400 stopinj, preden naredite kar koli drugega.
b) Vsak kos piščanca prelijte z 2 žlicama pesta, nato pa vsakega pokrijte s kosom pršuta.
c) Nato vse skupaj zložimo v posodo.
d) Vse skupaj kuhajte v pečici 30 minut, dokler ni piščanec popolnoma pečen.
e) Uživajte.

53. Prepelica nad zelenjavnimi in šunkinimi trakovi

SESTAVINE:
- 4 žlice rastlinskega olja
- 1 čajna žlička mletega svežega ingverja
- 3 prepelice, razcepljene
- Sol in poper
- 4 žlice piščančje juhe
- 1 srednja bučka, narezana na tanke trakove
- 1 korenček, ostrgan in narezan na tanke trakove
- 4 cele čebulice, narezane na tanke trakove
- 2 veliki stebli brokolija, olupljena in narezana na tanke trakove
- 2 unči podeželske šunke ali pršuta, narezanega na tanke trakove

NAVODILA:
a) V veliki ponvi ali voku segrejte 2 žlici olja z ingverjem.
b) Prepelice zapečemo z vseh strani. Solimo in popramo jih. Prilijemo malo juhe, pokrijemo in na pari počasi dušimo 15 minut.
c) Odstranite prepelice s sokom in jih hranite na toplem.

54.Pica s pršutom in rukolo

SESTAVINE:
- 1 funt testa za pico, pri sobni temperaturi, razdeljeno
- 2 žlici olivnega olja
- ½ skodelice paradižnikove omake
- 1 ½ skodelice naribanega sira mocarela (6 unč)
- 8 tankih rezin pršuta
- Nekaj velikih pesti rukole

NAVODILA:
a) Če imate kamen za pico, ga postavite na rešetko na sredino pečice. Pečico segrejte na 550 °F (ali najvišjo temperaturo pečice) vsaj 30 minut.
b) Če pico prelagamo na kamen v pečici, jo sestavljamo na dobro pomokanem olupku ali deski za rezanje. V nasprotnem primeru sestavite na površino, na kateri boste pekli (peki papir, pekač itd.). Delajte z enim kosom testa naenkrat in ga razvaljajte ali raztegnite v 10- do 12-palčni krog.
c) Robove testa namažite z 1 žlico olivnega olja. Preostalo testo premažemo s polovico paradižnikove omake.
d) Potresemo s približno ¼ sira. Položimo 4 rezine pršuta tako, da enakomerno prekrijejo testo. Potresemo z drugo ¼ sira.
e) Pecite pico, dokler se robovi rahlo ne zapečejo in sir postane mehurček in na mestih porjavi, približno 6 minut pri 550 °F.
f) Odstranite iz pečice na desko za rezanje, po vrhu raztresite polovico rukole ter takoj narežite in postrezite.
g) Ponovite s preostalim testom in prelivi.

55. Pizza Štirje letni časi/Quattro Stagioni

SESTAVINE:
g) 1 recept za tradicionalno italijansko osnovno testo
h) Mocarela, 6 unč, narezana
i) Pršut, 3 unče, narezan
j) Shiitake gobe, ena skodelica, narezana
k) Olive, ½ skodelice, narezane
l) Omaka za pico, pol skodelice
m) Srčki artičoke na četrtine, ena skodelica
n) Naribana parmigiana, 2 unči

NAVODILA:
a) Testo oblikujte v krog s premerom 14 palcev. To storite tako, da držite robove in previdno obračate in raztezate testo.
b) Testo prelijemo z omako za pico.
c) Po vrhu enakomerno razporedite rezine mocarele.
d) Nato srčki artičok, pršut, gobe in olive v štirih četrtinah pice.
e) Po vrhu potresemo naribano parmigiano.
f) Pecite na žaru/pečete 18 minut.

56. Piščanec in pršut z brstičnim ohrovtom

SESTAVINE:
- 2 funta piščančjih filejev
- 4 unče pršuta
- 12 unč brstičnega ohrovta
- ½ skodelice piščančje juhe
- 1 ½ skodelice težke smetane
- 1 čajna žlička mletega česna
- 1 limona, narezana na četrtine in brez semen
- Ghee ali kokosovo olje za cvrtje

NAVODILA:
a) Pečico segrejte na 400 stopinj F.
b) Brstični ohrovt prerežemo na pol in kuhamo 5 minut. Odstranite z ognja in odstavite.
c) V ponev dodajte ½ skodelice piščančje juhe in zavrite na srednji temperaturi. Nato dodajte smetano, sesekljan česen in limono ter pustite vreti 5-10 minut ob pogostem mešanju. Odstranite z ognja in odstavite.
d) V ločeni ponvi segrejte ghee in dodajte piščanca. Na srednje močnem ognju kuhamo nekaj minut, nato dodamo sesekljan pršut, dokler ni piščanec kuhan.
e) V manjši enolončnici (9×9) in v plasteh od spodaj navzgor: brstični ohrovt, piščanec, pršut in na vrh limonina smetanova omaka.
f) Pečemo v ogreti pečici 20 minut. Postrezite toplo.

57. Fettuccine s pršutom in šparglji

SESTAVINE:
- ½ funta špargljev, v 1-palčnih kosih.
- 2 žlici masla
- ½ skodelice čebule, sesekljane
- 4 unče pršuta
- 1 žlica masla
- 1 žlica moke
- ½ skodelice smetane
- 1 funt fettuccina
- ½ skodelice sveže naribanega parmezana
- Sveže mlet poper

NAVODILA:
a) Špargljе skuhamo do mehkega; odtok. Zmanjšajte količino vode za kuhanje na ½ skodelice. V ponvi na zmernem ognju raztopimo maslo.
b) Dodamo čebulo in pražimo, da zadiši. Primešamo pršut in ga podušimo.
c) Naredite prežganje iz moke in masla; dodamo prihranjeno špargljevo vodo in smetano.
d) Stepamo in segrevamo toliko časa, da se omaka zgosti.
e) Dodamo špargljе in pršut ter premešamo. Medtem skuhamo testenine.
f) Ko so testenine kuhane al dente, jih odcedimo in prelijemo z omako ter dodamo nariban sir.
g) Postrezite in po okusu dodajte sveže nariban poper.

58. Fusilli s pršutom in grahom

SESTAVINE:
- 2 žlici olivnega olja
- 2 žlici masla
- 1 mlet korenček
- 1 mleto steblo zelene
- 1 drobno sesekljana čebula
- 6 tankih rezin pršuta - sesekljan
- ½ skodelice belega vina
- 24 unč pasiranih paradižnikov
- 1 skodelica graha
- 1 funt kuhanih fusilli testenin

NAVODILA:
a) V velikem loncu za omako segrejte olivno olje in maslo. Dodajte mleto korenje, zeleno in čebulo. Na kratko prepražimo, dokler se ne zmehča.
b) Dodamo pršut, belo vino in pasiran paradižnik.
c) Kuhajte približno 30 minut na majhnem ognju, da se okusi povežejo. Končajte z grahom in premešajte, da se združi.
d) Vrele testenine prelijemo z omako. Okrasite s svežo baziliko in parmezanom.

59. Fusilli s šitakami, brokolijem in pršutovo omako

SESTAVINE:
- 1 funt Fusilli testenin
- 1 funt brokoli rabe; obrezane in razrezane na 1-palčne kose

ZA OMAKO
- ½ skodelice olivnega olja
- ½ skodelice mlete šalotke
- 1 strok česna; mleto
- 6 unč gob Shiitake - (do 8 oz); obrezan, narezan
- 6 unč pršuta ali podobne sušene šunke (do 8 oz); narežite na majhne kocke ali trakove
- ½ čajne žličke kosmičev posušene pekoče rdeče paprike (na 1 čajno žličko); ali po okusu
- ⅓ skodelice piščančje juhe ali juhe
- 2 žlici mletega svežega peteršilja
- 2 žlici mletega svežega drobnjaka
- 2 žlici svežega pehtrana

GARNIRAJ
- Sveže nariban parmezan; (neobvezno)
- Sušeni paradižniki; (neobvezno)

NAVODILA:

a) Najprej naredite omako. V ponvi segrejemo olje. Dodamo šalotko in med mešanjem kuhamo 1 minuto.

b) Nato dodajte gobe in med občasnim mešanjem kuhajte 5 minut ali dokler gobe ne postanejo rahlo zlate.

c) Zdaj vmešamo česen, pršut in rdeče paprike ter kuhamo 30 minut, nato dodamo piščančjo osnovo ali juho in dušimo 1 minuto.

d) Za testenine zavrite velik lonec vode.

e) Ko je voda pripravljena, dodajte testenine. Ne pozabite začeti kuhati, ko voda ponovno zavre, in ne takrat, ko dodate testenine.

f) Testenine skuhajte po navodilih na embalaži, po 6 minutah kuhanja testeninam za kuhanje dodajte brokoli rabe.

g) Testenine in brokoli rabe odcedimo v cedilu in preložimo v servirni krožnik. Prelijemo z omako, dobro premešamo. Po želji okrasite.

60.Pappardelle s pršutom in grahom

SESTAVINE:
- ¼ skodelice mletega pršuta
- 1 skodelica graha
- 1 skodelica težke smetane
- 1 skodelica pol in pol
- ⅓ skodelice naribanega sira Asiago
- 1 funt rezancev za lazanjo

NAVODILA:
a) Veliko ponev segrejte, dokler ni vroča.
b) Dodamo mleti pršut in kuhamo približno tri minute, da se zmehča, a ne hrustljavo.
c) Dodamo grah in premešamo, da se združi. Vlijemo gosto smetano in pol in pol. Dodajte sir Asiago in zmanjšajte ogenj na nizko.
d) Omako pustimo vreti pet minut, pogosto premešamo, da se sir stopi in smetana rahlo zgosti.
e) Začinimo s poprom.
f) Za pripravo pappardelle vzemite rezance za lazanjo in jih narežite na dolge trakove, široke približno 1".
g) Trakove vrzite v slano vrelo vodo in kuhajte, dokler se ne zmehčajo.
h) Za serviranje kuhane testenine prelijemo s sirovo omako.

61. Salama in Brie Crostini

SESTAVINE:
- 1 francoska bageta, narezana na 4-6 debelih kosov
- 8-unč sira Brie, narezan na tanke rezine
- Pakiranje pršuta po 4 unče
- ½ skodelice brusnične omake
- ¼ skodelice olivnega olja
- Sveža meta

BALZAMIČNA GLAZURA:
- 2 žlici rjavega sladkorja
- ¼ skodelice balzamičnega kisa

NAVODILA:
BALZAMIČNA GLAZURA:
a) V ponev na majhnem ognju dodajte rjavi sladkor in eno skodelico balzamičnega kisa.
b) Kuhajte, dokler se kis ne zgosti.
c) Glazuro odstavimo z ognja in pustimo, da se ohladi. Ko se ohladi, se bo zgostila.

ZA SESTAVLJANJE:
d) Bageto rahlo premažite z olivnim oljem in jo pecite v pečici 8 minut.
e) Brie namažite na kruh.
f) Na vrh dodamo obilno žličko brusnične omake in pršut.
g) Po vrhu potresemo z balzamično glazuro, ki ji sledijo listi mete.
h) Postrezite takoj.

62. Brusketa pršut in mozarela

SESTAVINE:
h) ½ skodelice drobno sesekljanega paradižnika
i) 3 unče sesekljane mocarele
j) 3 rezine pršuta, sesekljane
k) 1 žlica olivnega olja
l) 1 čajna žlička posušene bazilike
m) 6 majhnih rezin francoskega kruha

NAVODILA:
a) Predgrejte cvrtnik na 350 stopinj F. Položite rezine kruha in jih pražite 3 minute. Kruh obložimo s paradižnikom, pršutom in mocarelo. Po mocareli potresemo baziliko. Pokapljamo z oljčnim oljem.
b) Vrnite se v cvrtnik in kuhajte še 1 minuto, toliko, da se stopi in segreje.

63.Minty grižljaji s kozicami

SESTAVINE:
- 2 žlici olivnega olja
- 10 unč kozic, kuhanih
- 1 žlica mete, sesekljane
- 2 žlici eritritola
- ⅓ skodelice zmletih robid
- 2 čajni žlički karija v prahu r
- 11 rezin pršuta
- ⅓ skodelice zelenjavne osnove

NAVODILA:
a) Vsako kozico, potem ko jo zavijete v rezine pršuta, pokapajte z oljem.
b) V instant loncu zmešajte robide, kari, meto , osnovo in eritritol, premešajte in kuhajte 2 minuti na majhnem ognju.
c) V lonec dodajte košaro za kuhanje na pari in zavite kozice, pokrijte in kuhajte 2 minuti na visoki temperaturi.
d) Zavite kozice položimo na krožnik in jih pred serviranjem pokapljamo z metino omako.

64. Grižljaj s hruško, radičem in pršutom

SESTAVINE:
- 8 unč mehkega kozjega sira
- 6 unč pršuta, narezanega na trakove
- 2-unča pakiranja mikrozelenja redkev
- ¼ skodelice sveže iztisnjenega limoninega soka
- 2 hruški, narezani

NAVODILA:
a) Vsako rezino hruške pokapajte z limoninim sokom.
b) Na eno polovico rezine hruške namažite ¼ čajne žličke mehkega kozjega sira, nato pa sestavine izmenjajte z drugo polovico.
c) Na zgornjo rezino hruške razporedite še ¼ čajne žličke mehkega kozjega sira, nato zložen trak pršuta in kanček mehkega kozjega sira, nato mikrozelenje redkvice.
d) Sestavite preostale rezine hrušk in postrezite z več mikrozelenja redkvice na vrhu.

65.Skodelica za mafine pršut

SESTAVINE:
- 1 rezina pršuta (približno ½ unče)
- 1 srednje velik rumenjak
- 3 žlice brieja, narezanega na kocke
- 2 žlici na kocke narezanega mocarele
- 3 žlice naribanega parmezana

NAVODILA:
a) Pečico segrejte na 350°F. Izvlecite pekač za mafine z jamicami, širokimi približno 2½" in globokimi 1½".
b) Rezino pršuta prepognemo na pol, da postane skoraj kvadratna. Dobro ga položimo v pekač za muffine, da ga popolnoma obložimo.
c) Rumenjak damo v posodo za pršut.
d) Na vrh rumenjaka nežno dodamo sir, ne da bi ga razbili.
e) Pečemo približno 12 minut, dokler ni rumenjak kuhan in topel, a še vedno tekoč.
f) Pustite, da se ohladi 10 minut, preden ga vzamete iz pekača za mafine.

66.Kroglice avokadovega pršuta

SESTAVINE:
- ½ skodelice makadamijevih orehov
- ½ velikega avokada, olupljenega in brez koščic (približno 4 unče pulpe)
- 1 unča kuhanega pršuta, zdrobljenega
- ¼ čajne žličke črnega popra

NAVODILA:
a) V majhnem kuhinjskem robotu zdrobite oreščke makadamije, dokler niso enakomerno razdrobljeni. Razdelite na pol.
b) V manjši skledici zmešajte avokado, polovico makadamije, pršutove drobtine in poper ter dobro premešajte z vilicami.
c) Zmes oblikujemo v 6 kroglic.
d) Preostale zdrobljene oreščke makadamije položite na srednji krožnik in posamezne kroglice razvaljajte, da se enakomerno prekrijejo.
e) Postrezite takoj.

SLADICE IN SLADICE

67.Gubana (sladko polnjeno pecivo)

SESTAVINE:
- 500 g moke
- 200 g nesoljenega masla
- 100g sladkorja
- 3 jajca
- 1 skodelica mleka
- 1 skodelica sesekljanih oreščkov (orehi in lešniki)
- 1 skodelica rozin
- 1/2 skodelice medu
- Lupina 1 pomaranče
- 1 žlička cimeta

NAVODILA:
a) Naredite testo tako, da zmešajte moko, maslo, sladkor, jajca in mleko.
b) Testo razvaljamo v pravokotnik.
c) Zmešajte orehe, rozine, med, pomarančno lupinico in cimet.
d) Nadev namažemo po testu, nato ga zvijemo.
e) Položimo v pomaščen pekač in pečemo pri 180°C (350°F) približno 45 minut.
f) Pred rezanjem pustite, da se ohladi.

68.Jabolka in ricotta Crostata

SESTAVINE:
- 1 list listnatega testa
- 1 skodelica sira ricotta
- 2 žlici sladkorja
- 2 jabolki, narezani na tanke rezine
- 1 žlica limoninega soka
- 1 žlica marelične marmelade (za glazuro)

NAVODILA:
a) Pečico segrejte na 200 °C (400 °F).
b) Listnato testo razvaljamo in položimo na pekač.
c) Sir ricotta zmešamo s sladkorjem in razporedimo po pecivu.
d) Jabolčne rezine potresemo z limoninim sokom in jih razporedimo po vrhu.
e) Robove testa zapognemo čez jabolka.
f) Pečemo 20-25 minut oziroma do zlate barve.
g) Segrejte marelično marmelado in jo premažite po jabolkih za glazuro.

69. Trentinska jabolčna torta (Torta di Mele Trentina)

SESTAVINE:
- 2-3 jabolka, olupljena in narezana
- 2 skodelici večnamenske moke
- 1 skodelica sladkorja
- 1/2 skodelice nesoljenega masla, stopljenega
- 1/2 skodelice mleka
- 3 jajca
- 1 žlica pecilnega praška
- Lupina 1 limone
- Sladkor v prahu za posipanje

NAVODILA:
a) Pečico segrejte na 180 °C (350 °F). Pekač namastimo in pomokamo.
b) V skledi zmešajte moko, sladkor, stopljeno maslo, mleko, jajca, pecilni prašek in limonino lupinico do gladkega.
c) Testo vlijemo v pripravljen pekač.
d) Po vrhu razporedite rezine jabolk.
e) Pečemo 40-45 minut oziroma dokler zobotrebec ne izstopi čist.
f) Pustite, da se ohladi, nato pa pred serviranjem posujte s sladkorjem v prahu.

70.Beneška ocvrta smetana

SESTAVINE:
- 4 velika jajca, ločena
- 3/4 skodelice sladkorja
- 1/2 žličke vanilijevega ekstrakta
- 1 in 1/2 skodelice večnamenske moke
- Lupina 1/2 limone
- 4 skodelice segretega polnomastnega mleka
- 6 žlic nezačinjenih drobtin
- Rastlinsko olje za cvrtje

NAVODILA:
a) V veliki posodi za mešanje 5 minut stepamo rumenjake, sladkor in vanilijo.
b) Postopoma dodajamo moko in limonino lupinico.
c) V tankih curkih dodajte mleko.
d) Zmes damo v srednje velik lonec.
e) Segrevajte na srednji ogenj in mešajte, dokler se zmes ne zgosti. Ne zavrite, sicer se bo mleko strdilo.
f) Lonec odstavimo s štedilnika in vsebino stresemo na delovno površino, najbolje marmorno.
g) Z nožem razporedite zmes v obliki pravokotnika debeline približno 1 cm.
h) Zmes ohladimo.
i) Zmes narežite na 2-palčne diagonale.
j) V srednje veliki skledi stepemo beljak.
k) Drobtine damo v posebno skledo.
l) Diamante potresemo v beljak in nato v drobtine.
m) V veliki ponvi segrejte olje.
n) Na olju jih na obeh straneh zlato rjavo popečemo.
o) Postrežemo toplo

71. Panna cotta s karamelno omako

SESTAVINE: :
- 1 skodelica sladkorja
- 1 skodelica vode; ali več
- 1 skodelica vode
- 2 žlici vode
- 4 čajne žličke želatine brez okusa
- 5 skodelic smetane za stepanje
- 1 skodelica mleka
- 1 skodelica sladkorja v prahu
- 1 vanilijev strok; razcepljena po dolžini

NAVODILA:
ZA OMAKO:
a) Zmešajte 1 skodelico sladkorja in ½ skodelice vode v težki srednji ponvi na majhnem ognju. Mešajte, dokler se sladkor ne raztopi. Povečajte ogenj in kuhajte brez mešanja, dokler se sirup ne obarva jantarno, občasno premešajte ponev in pobrišite stranice z mokro krtačo za pecivo, približno 8 minut. Odstranite ponev z ognja.

b) Previdno dodajte ½ skodelice vode. Ponev vrnite na segreto in zavrite ter mešajte, da se koščki karamele raztopijo, približno 2 minuti.

c) Kul.

ZA PUDING:
d) V majhno skledo nalijte 2 žlici vode. Potresemo z želatino. Pustite stati, dokler se ne zmehča, približno 10 minut. V veliki težki ponvi zmešajte smetano, mleko in sladkor. Postrgajte semena iz stroka vanilije; dodajte fižol.

e) Pustite, da zavre, pogosto mešajte. Odstranite z ognja. Dodamo zmes želatine in mešamo, da se raztopi. Odstranite vanilijev strok. Mešanico prenesite v skledo. Postavite skledo nad večjo skledo z ledeno vodo. Pustite stati, dokler se ne ohladi, občasno premešajte, približno 30 minut. Puding enakomerno razdelite na šest 10-unč skodelic kreme. Pokrijte in hladite čez noč.

f) Pudinge razlijte na krožnike. Prelijemo s karamelno omako in postrežemo.

72.Čokoladna Panna Cotta

SESTAVINE: :
- 500 ml težke smetane
- 10 g želatine
- 70 g črne čokolade
- 2 žlici jogurta
- 3 žlice sladkorja
- ščepec soli

NAVODILA:
a) V manjši količini smetane namočite želatino.
b) V manjšo kozico vlijemo preostalo smetano. Sladkor in jogurt med občasnim mešanjem zavremo, vendar ne zavreta. Ponev odstavimo z ognja.
c) Vmešajte čokolado in želatino, dokler se popolnoma ne raztopita.
d) Napolnite modelčke s testom in jih ohladite 2-3 ure.
e) Panna cotto sprostite iz modela tako, da jo nekaj sekund potopite pod vročo vodo, preden sladico odstranite.
f) Okrasite po svojih željah in postrezite!

73. Caramelna krema

SESTAVINE:
- ½ skodelice Kristalni sladkor
- 1 čajna žlička voda
- 4 Rumenjake ali 3 cela jajca
- 2 skodelici Mleko, poparjeno
- ½ čajne žličke Izvleček vanilije

NAVODILA:
a) V veliki ponvi zmešajte 6 žlic sladkorja in 1 skodelico vode. Segrevajte na majhnem ognju, občasno stresajte ali premešajte z leseno žlico, da se ne zažge, dokler sladkor ne postane zlate barve.
b) Karamelni sirup čim prej vlijemo v plitek pekač (8x8 cm) ali krožnik za pite. Pustite, da se ohladi do trdega.
c) Pečico segrejte na 325 stopinj Fahrenheita.
d) Bodisi stepemo rumenjake ali cela jajca. Zmešajte mleko, vanilijev ekstrakt in preostali sladkor, dokler se popolnoma ne združi.
e) Po vrhu prelijemo ohlajeno karamelo.
f) Pekač postavimo v kopel z vročo vodo. Pecite 1-112 ur ali dokler se sredina ne strdi. Kul, kul, kul.
g) Za serviranje previdno obrnite na servirni krožnik.

74. Italijanske pečene breskve

SESTAVINE:
- 6 Zrele breskve
- ⅓ skodelice sladkor
- 1 skodelica Mleti mandlji
- 1 Rumenjak
- ½ čajne žličke Izvleček mandljev
- 4 žlice maslo
- ¼ skodelice Narezani mandlji
- Težka smetana , neobvezno

NAVODILA:
a) Pečico segrejte na 350 stopinj Fahrenheita. Breskve oplaknemo, razpolovimo in odstranimo koščico. V kuhinjskem robotu pretlačite 2 polovici breskev v pire.
b) V posodi za mešanje zmešajte pire, sladkor, mlete mandlje, jajčni rumenjak in mandljev ekstrakt. Če želite narediti gladko pasto, zmešajte vse sestavine v skledi za mešanje.
c) Vsako polovico breskve prelijemo z nadevom in napolnjene polovice breskev položimo v namaščen pekač.
d) Potresemo z narezanimi mandlji in s čopičem premažemo breskve s preostalim maslom, preden jih pečemo 45 minut.
e) Postrezite toplo ali hladno, s prilogo smetane ali sladoleda.

75.Tiramisu pots de creme

SESTAVINE:
- 2 skodelici sladkorja v prahu
- 12 rumenjakov
- 2 stroka vanilije, razrezana, postrgana semena
- 1,2 L čiste smetane in dodatna ¼ skodelice
- 2 žlici instant kavnih zrnc
- 50 g nesoljenega masla, narezanega
- 4 biskvitni biskviti, zdrobljeni
- 2 žlici Frangelico
- 1 žlica drobno sesekljanih lešnikov
- 400 g kakovostnega mascarponeja
- 1 čajna žlička vanilijevega ekstrakta
- Kakovosten kakav v prahu, v prah

NAVODILA:
a) Pečico segrejemo na 140°C.
b) V skledi penasto stepemo sladkor in rumenjake.
c) Vanilijev strok in semena položite v veliko ponev s smetano in kavo ter segrevajte tik pod vrenje in mešajte, da se kava raztopi. Počasi prelijte čez jajčno mešanico, nenehno mešajte, dokler se ne poveže.
d) Jajčno mešanico vrnite v očiščeno ponev in postavite na srednje majhen ogenj.
e) Med nenehnim mešanjem kuhajte 6-8 minut oziroma dokler se ne zgosti in jajčna mešanica ne prekrije hrbtne strani žlice. Razdelite med osem ¾-skodelic, primernih za pečico, in položite v velik pekač. Dodajte toliko vrele vode, da doseže polovico sten ponve.
f) Pekač pokrijemo s folijo in previdno postavimo v pečico. Pecite 30 minut, dokler se ravno ne strdi z nežnim nihanjem v sredini. Ohladite na sobno temperaturo, nato pa pustite 2 uri ali dokler se ne strdi.
g) Ko ste pripravljeni za serviranje, stopite maslo v ponvi za 2-3 minute ali dokler ni orehovo rjavo. Dodajte ladyfingers in med mešanjem kuhajte 3-4 minute ali dokler niso popečeni. Dodajte Frangelico in lešnike ter premešajte, da se združi. Kul. V skledi nežno zmešajte maskarpone, vanilijo in dodatno smetano.
h) Dolop mascarpone zmes na vrh kreme. Za serviranje potresemo z drobtinami Ladyfinger in kakavom.

76.Tiramisu kolački

SESTAVINE:
KOLAČKI
- 6 žlic soljenega masla sobne temp
- ¾ skodelice sladkorja
- 2 žlički vanilijevega ekstrakta
- 6 žlic kisle smetane
- 3 beljaki
- 1¼ skodelice večnamenske moke
- 2 žlički pecilnega praška
- 6 žlic mleka
- 2 žlici vode

TIRAMISU NADEV
- 2 rumenjaka
- 6 žlic sladkorja
- ½ skodelice mascarpone sira
- ½ skodelice težke smetane za stepanje
- 2½ žlici tople vode
- 1 žlica kavnih instant espresso zrnc
- ¼ skodelice Kahlua

NAVODILA:
NAREDITE KOLAČKE

a) Pečico segrejte na 350 stopinj in pripravite pekač za kolačke s podlogami za kolačke.

b) Stepajte maslo in sladkor, dokler ne postanejo svetle barve in postanejo puhasti, približno 2-3 minute.

c) Dodajte vanilijev ekstrakt in kislo smetano ter mešajte, dokler se dobro ne povežeta.

d) Dodajte jajčne beljake v dveh serijah in mešajte, dokler se dobro ne povežejo.

e) V drugi skledi zmešajte suhe sestavine, nato pa v drugi skledi zmešajte mleko in vodo.

f) Dodajte polovico suhih sestavin v testo in mešajte, dokler se dobro ne poveže. Dodajte mešanico mleka in mešajte, dokler se dobro ne poveže. Dodajte preostale suhe sestavine in mešajte, dokler se dobro ne povežejo.

g) Napolnite podloge za kolačke približno do polovice. Pecite 15-17 minut oziroma dokler zobotrebec, ki ga zapičite, ne pride ven z nekaj drobtinami.
h) Odstranite kolačke iz pečice in pustite, da se ohlajajo 2-3 minute, nato jih odstranite na rešetko, da se ohladijo.

NAREDITE NADEV IN NADELITE KOLAČKE
a) Medtem ko se kolački ohlajajo, naredite nadev. Združite jajčne rumenjake in sladkor na vrhu dvojnega kotla, nad vrelo vodo. Če nimate dvojnega kotla, lahko uporabite kovinsko mešalno posodo, postavljeno nad lonec z vrelo vodo.
b) Kuhajte približno 6-8 minut pri nizkem ognju in nenehnem mešanju ali dokler zmes ni svetle barve in se sladkor raztopi. Če začne zmes postajati pregosta in temno rumena, je prekuhana.
c) Ko je pripravljeno, z mešalnikom stepamo rumenjake, dokler se ne zgostijo in malo zarumenijo.
d) Mascarpone sir vmešamo v stepene rumenjake.
e) V drugo skledo mešalnika dodajte močno smetano za stepanje in stepajte, dokler ne nastanejo čvrsti vrhovi, približno 5-7 minut.
f) Stepeno smetano vmešamo v mešanico mascarponeja.
g) V drugi majhni skledi zmešajte toplo vodo, espresso in kahluo.
h) Ko so kolački ohlajeni, izrežite sredice.
i) Potresite približno 1 žlico espresso mešanice po notranjosti luknjic kolačkov, nato pa luknje napolnite z nadevom za tiramisu.

77. Medeni puding

SESTAVINE:
- ¼ skodelice Nesoljeno maslo
- 1½ skodelice Mleko
- 2 veliki jajca; rahlo pretolčeno
- 6 rezin Beli kmečki kruh; raztrgano
- ½ skodelice jasno; tanek med, plus
- 1 žlica jasno; tanek med
- ½ skodelice Vroča voda; plus
- 1 žlica Vroča voda
- ¼ čajne žličke Mleti cimet
- ¼ čajne žličke Vanilija

NAVODILA:

a) Pečico segrejte na 350 stopinj in z malo masla premažite 9-palčni stekleni pekač za pito. Zmešajte mleko in jajca, nato dodajte koščke kruha in jih obrnite, da se enakomerno prekrijejo.

b) Kruh pustite namakati 15 do 20 minut in ga enkrat ali dvakrat obrnite. V veliki ponvi proti prijemanju segrejte preostalo maslo na zmernem ognju.

c) Namočen kruh na maslu zlato ocvremo približno 2 do 3 minute na vsaki strani. Kruh prestavimo v pekač.

d) V skledi zmešajte med in vročo vodo ter mešajte, dokler ni mešanica enakomerna.

e) Vmešajte cimet in vanilijo ter mešanico pokapajte čez in okoli kruha.

f) Pečemo približno 30 minut oziroma do zlato rjave barve.

78.Zamrznjeni medeni Semifreddo

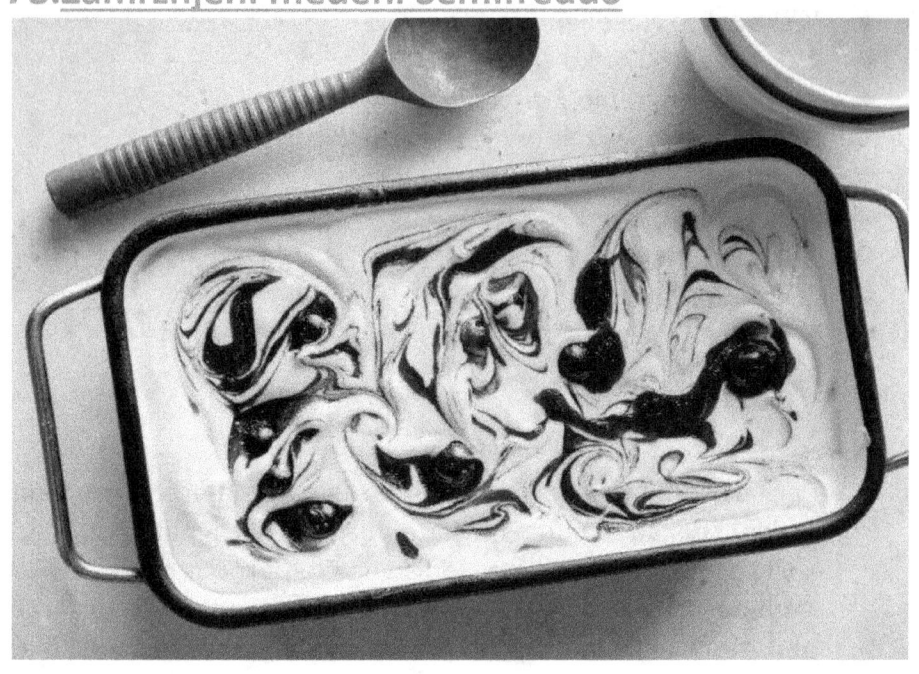

SESTAVINE:
- 8 unč težke smetane
- 1 čajna žlička vanilijevega ekstrakta
- ¼ čajne žličke rožne vode
- 4 velika jajca
- 4 ½ unče medu
- ¼ čajne žličke plus ⅛ čajne žličke košer soli
- Prelivi, kot so narezano sadje, praženi oreščki, kakavovi zrni ali naribana čokolada

NAVODILA:
a) Pečico segrejte na 350°F. Pekač za štruce velikosti 9 x 5 palcev obložite s plastično folijo ali pergamentnim papirjem.
b) Za Semifreddo v skledi stoječega mešalnika, opremljenega z nastavkom za stepanje, stepite smetano, vanilijo in rožno vodo do trdega.
c) Prenesite v ločeno skledo ali krožnik, pokrijte in ohladite, dokler ni pripravljen za uporabo.
d) V skledi stojnega mešalnika zmešajte jajca, med in sol. Za mešanje uporabite gibljivo lopatico, da vse skupaj premešate.
e) V posodi iz nerjavečega jekla kuhajte, vrtite in redno strgajte s prožno lopatico, dokler se ne segreje na 165 °F, približno 10 minut.
f) Mešanico prenesite v stoječi mešalnik, opremljen z nastavkom za stepanje, ko doseže 165 °F. Jajca močno stepamo, dokler niso penasta.
g) Ročno nežno vmešamo polovico pripravljene stepene smetane.
h) Dodajte preostale sestavine, hitro premešajte, nato pa jih z gibljivo lopatico dobro premešajte.
i) Postrgajte v pripravljen pekač za hlebce, tesno pokrijte in zamrzujte za 8 ur ali dokler ni dovolj trden za rezanje ali dokler notranja temperatura ne doseže 0 °F.
j) Semifreddo obrnite na ohlajeno posodo za serviranje.

79. Zabaglione

SESTAVINE:
- 4 rumenjaki
- ¼ skodelice sladkorja
- ½ skodelice Marsala Dry ali drugega suhega belega vina
- nekaj vejic sveže mete

NAVODILA:
a) V skledi, odporni na toploto, penasto stepemo rumenjake in sladkor do bledo rumene in sijajne barve. Nato je treba vanjo vmešati marsalo.
b) Srednji lonec, do polovice napolnjen z vodo, počasi zavrite. Začnite stepati mešanico jajca/vina v toplotno odporni skledi na vrhu lonca.
c) Še 10 minut stepajte z električnimi stepalniki (ali metlico) nad vročo vodo.
d) Uporabite termometer s takojšnjim odčitavanjem, da zagotovite, da mešanica med kuhanjem doseže 160 °F.
e) Odstranite z ognja in prelijte zabaglione čez pripravljeno sadje, ki ga okrasite s svežimi listi mete.
f) Zabaglione je enako okusen postrežen na vrhu sladoleda ali samostojno.

80.Affogato

SESTAVINE:
- 1 kepica vaniljevega sladoleda
- 1 skodelica espressa
- Preliv čokoladne omake, neobvezno

NAVODILA:
a) V kozarec dajte kepico vanilijevega sladoleda in 1 šopek espressa.
b) S serviraj!

81. Ovseni cimetov sladoled

SESTAVINE:
- Prazna podlaga za sladoled
- 1 skodelica ovsa
- 1 žlica mletega cimeta

NAVODILA:
a) Pripravite prazno podlago v skladu z navodili.
b) V majhni ponvi na srednjem ognju zmešajte oves in cimet. Med rednim mešanjem pražimo 10 minut ali dokler ne porjavi in postane aromatično.
c) Za precedek dodajte pražen cimet in oves v osnovo, ko pridejo s štedilnika, in pustite stati približno 30 minut. Uporaba mrežastega cedila, nameščenega nad skledo; precedite trdno snov in jo pretlačite, da dobite čim več kreme z okusom. Lahko pride malo pulpe ovsene kaše, a nič hudega – okusno je! Prihranite trdno snov ovsene kaše za recept za ovseno kašo!
d) Zaradi absorpcije boste izgubili nekaj mešanice, zato bo izdelava tega sladoleda nekoliko manjša kot običajno.
e) Mešanico čez noč shranite v hladilniku. Ko ste pripravljeni na pripravo sladoleda, ga ponovno zmešajte s potopnim mešalnikom, da postane gladka in kremasta.
f) Nalijte v aparat za sladoled in zamrznite po navodilih proizvajalca. Shranjujte v nepredušni posodi in zamrznite čez noč.

82.Dvojni čokoladni gelato

SESTAVINE:
- ½ skodelice težke smetane
- 2 skodelici mleka
- ¾ skodelice sladkorja
- ¼ čajne žličke soli
- 7 unč visokokakovostne temne čokolade
- 1 čajna žlička vanilijevega ekstrakta
- Kokosovo maslo

NAVODILA:
a) Prvi korak naredimo tako, da čokolado stopimo, nato pa jo nekoliko ohladimo. Mleko, smetano in maslo dajte v skledo in jih dobro premešajte.
b) Z metlico vmešamo sladkor in sol. Nadaljujte z mešanjem približno 4 minute, dokler se sladkor in sol ne raztopita. Nato vmešajte vanilijev ekstrakt.
c) Na koncu vmešajte čokolado, da se dobro poveže. Sestavine vlijemo v aparat za sladoled in pustimo, da se meša 25 minut.
d) Gelato dajte v nepredušno posodo in postavite v zamrzovalnik za največ 2 uri, dokler ne dosežete želene konsistence.

83. Češnjevo-jagodni sladoled

SESTAVINE:
- ½ skodelice težke smetane
- 2 skodelici mleka
- ¾ skodelice sladkorja
- Kokosovo maslo
- 1 skodelica narezanih jagod
- 1 žlica vanilijevega ekstrakta

NAVODILA:

a) Z mešalnikom jagode temeljito pretlačite v pire. Mleko, smetano in maslo dajte v skledo in jih dobro premešajte. Z metlico vmešamo sladkor.

b) Nadaljujte z mešanjem približno 4 minute, dokler se sladkor ne raztopi. Nato primešamo vanilijev ekstrakt in jagodni pire.

c) Sestavine vlijemo v aparat za sladoled in pustimo, da se meša 25 minut.

d) Gelato dajte v nepredušno posodo in postavite v zamrzovalnik za največ 2 uri, dokler ne dosežete želene konsistence.

84. Masleni sloji rogljičkov s pršutom

SESTAVINE:
- 3 žlice soljenega masla, na tanko narezanega, plus več za mazanje
- 6 rogljičkov, grobo narezanih na tretjine
- 8 velikih jajc
- 3 skodelice polnomastnega mleka
- 1 žlica dijonske gorčice
- 1 žlica sesekljanega svežega žajblja
- ¼ čajne žličke sveže naribanega muškatnega oreščka
- Košer sol in sveže mlet poper
- 12 unč zamrznjene špinače, odmrznjene in ožete
- 1½ skodelice naribanega sira Gouda
- 1½ skodelice naribanega sira Gruyère
- 3 unče tanko narezanega pršuta, natrganega

NAVODILA:
a) Pečico segrejte na 350°F. Namastite pekač 9 × 13 palcev.
b) Rogljičke razporedimo po dnu pekača in jih pokrijemo z narezanim maslom. Pečemo, dokler ni rahlo popečeno, 5 do 8 minut. Odstranite in pustite, da se ohladi v ponvi, dokler ni več vroča na dotik, približno 10 minut.
c) V srednji skledi zmešajte jajca, mleko, gorčico, žajbelj, muškatni oreček ter ščepec soli in popra. Vmešajte špinačo in ¾ skodelice vsakega sira. Zmes previdno prelijemo po popečenih rogljičkih in jo enakomerno porazdelimo. Potresemo s preostalim sirom in za konec dodamo pršut. Pokrijte in ohladite vsaj 30 minut ali čez noč.
d) Ko ste pripravljeni za peko, odstranite plasti iz hladilnika in segrejte pečico na 350 °F.
e) Pecite, dokler se sredina plasti ne strdi, približno 45 minut. Če začnejo rogljički porjaveti, preden so plasti pečene, jih pokrijte s folijo in nadaljujte s peko.
f) Odstranite plasti iz pečice in pustite, da se ohladijo 5 minut, preden jih postrežete.

85. Balzamična breskova in brie torta

SESTAVINE:
- 1 list zamrznjenega listnatega testa, odmrznjen
- ⅓ skodelice pesta z limonino baziliko
- 1 (8 unč) kolesa sira Brie, olupljena in narezana
- 2 zreli breskvi, narezani na tanke rezine
- Ekstra deviško olivno olje
- Košer sol in sveže mlet poper
- 3 unče tanko narezanega pršuta, natrganega
- ¼ skodelice balzamičnega kisa
- 2 do 3 žlice medu
- Listi sveže bazilike, za serviranje

NAVODILA:
a) Pečico segrejte na 425°F. Obrobljen pekač obložite s pergamentnim papirjem.
b) Listnato testo na čisti delovni površini nežno razvaljajte na 1⁄8 palca debelo in ga prenesite na pripravljen pekač. Pecivo povsod prebodite z vilicami, nato pa pesto enakomerno razporedite po testu in pustite ½-palčni rob.
c) Brie in breskve razporedite po pestu in rahlo pokapajte z olivnim oljem. Začinimo s soljo in poprom ter na vrh naložimo pršut.
d) Robove testa potresemo s poprom.
e) Pecite, dokler pecivo ne zlato porumeni in pršut postane hrustljav, 25 do 30 minut.
f) Medtem v majhni skledi zmešajte kis in med.
g) Torto vzemite iz pečice, na vrh položite liste bazilike in pokapajte z mešanico medu. Narežemo na kose in še tople postrežemo.

86.Torta s čebulo in pršutom

SESTAVINE:
- ½ funta listnatega testa
- 4 velike čebule; sesekljan
- 3 unče pršuta; narezan na kocke
- ½ čajne žličke timijana
- ½ čajne žličke rožmarina
- 2 žlici olivnega olja
- 12 večjih črnih oliv v olju; brez koščic
- Sveže mleti črni poper
- Po potrebi solimo
- 1 jajce

NAVODILA:
a) Na olju z zelišči prepražimo čebulo, dokler čebula ne postane prozorna. Dodamo pršut in kuhamo 3 minute. Začinite s poprom in preverite sol. Ohladite se.
b) Testo razvaljajte v pravokotnik 11 x 9. Izrežite 4 trakove testa, da naredite robove, in jih pritisnite na robove pravokotnika.
c) Prenesite na piškotni list in robove namažite s stepenim jajcem. Ohladite ½ ure. Pečico predhodno segrejte na 425. Na pripravljeno testo razporedite mešanico čebule. pečemo 30 minut.
d) Ogenj zmanjšamo na 300, tart okrasimo z narezanimi olivami in pečemo še 15 minut.

87.Kruh s pršutom olivno paradižnik

SESTAVINE:
- 1 lb štruce, 1 1/2 lb štruce
- 1 skodelica vode
- 2 žlici rastlinskega olja
- ⅓ skodelice zrelega paradižnika
- ⅓ skodelice oliv, alfonse brez koščic ali drugih oliv, sušenih v vinu
- ⅓ skodelice narezanega pršuta
- 2 žlički sladkorja
- ½ čajne žličke žajblja
- 1 čajna žlička soli
- ⅓ skodelice ržene moke
- 1½ skodelice polnozrnate moke
- 1½ skodelice moke za kruh
- 1½ žličke kvasa

NAVODILA:
a) Pečemo po navodilih proizvajalca.

88.Pršut-pomarančni popers

SESTAVINE:
- 1 skodelica moke
- ¼ čajne žličke soli
- 1 skodelica mleka
- 2 jajci; rahlo pretolčeno
- 1 žlica stopljene margarine
- 2 rezini pršuta; odrezane odvečne maščobe; drobno sesekljan
- 1 velika pomaranča; drobno naribano lupino

NAVODILA:
a) Pekač postavimo v pečico in segrejemo na 450 stopinj. Pekač odstranite iz pečice takoj, ko je vroč.
b) Zmešajte moko in sol. Vmešajte mleko, jajca in stopljeno margarino, dokler zmes ni gladka. Ne pretiravajte. Primešamo pršut in pomarančno lupinico.
c) Maso vlijemo v vroč pekač in pečemo v ogreti pečici 15 minut. Zvišajte temperaturo na 350 stopinj in nadaljujte s peko 15-20 minut, dokler se ne napihnejo in ne porjavijo. Med peko nikoli ne odpirajte vrat pečice, ker se bodo pokovke izpraznile.
d) Odstranite iz pečice in z nožem potegnite vsak popover.
e) Odstranite iz pekača in vsako prebodite z nožem.

89.Kandiran pršut

SESTAVINE:
- 3 skodelice sladkorja
- 1 1/2 skodelice rezin pršuta di Parma, sesekljanih

NAVODILA:
a) V srednje veliki kozici počasi stopimo sladkor, dodamo pršut in mešamo 3 minute.
b) Mešanico razporedite po pekaču z voskom ali pergamentnim papirjem.
c) Pustite, da se ohladi in razdrobite, da se razpade.

90.Krompirjeva torta z mocarelo in pršutom

SESTAVINE:
- Krompirjeva torta z mocarelo in pršutom
- 1/2 skodelice (35 g) svežih drobtin
- 900 gramov olupljenega krompirja
- 1/2 skodelice (125 ml) vročega mleka
- 60 gramov masla, narezanega na kocke
- 2/3 skodelice (50 g) naribanega parmezana
- 2 jajci
- 1 rumenjak
- 1 skodelica (100 g) naribane mocarele
- 100 gramov pršuta, narezanega na kocke
- otroška rukola, za serviranje

NAVODILA:
g) Pečico segrejte na zelo vročo, 200 °C (180 °C z ventilatorjem).
h) Pekač s premerom 20 cm namastite z maslom; podlago potresemo s tretjino drobtin.
i) Krompir kuhajte v ponvi z vrelo slano vodo 15 minut, dokler se ne zmehča. Odtok; vrnite v ponev 1 minuto, dokler se ne posuši.
j) Krompir pretlačimo, dodamo mleko in polovico masla. Vmešamo parmezan, jajce in rumenjak; sezona.
k) Pripravljen pekač namažemo s polovico krompirjeve zmesi. Obložimo z mocarelo in pršutom; prelijte s preostalo mešanico krompirja. Piko s preostalim maslom; potresemo s preostalimi drobtinami.
l) Pečemo 30 minut do zlate in tople; stati torto 10 minut. Narežemo in postrežemo z rukolo.

91. Panna cotta iz zelenega graha s pršutom

SESTAVINE:
PANNA COTTA Z ZELENIM GRAHOM:
- Sprej za kuhanje oljne repice ali drugega nevtralnega olja
- 1 žlica agar agar kosmiči
- 1 manjše steblo zelene, narezano na krhlje
- 2" vejica svežega rožmarina
- 1 lovorjev list
- 1/2 žličke cela zrna črnega popra
- 1/4 žličke cele jagode pimenta
- 2 vejici ploščatega italijanskega peteršilja
- Namizna sol, po okusu
- 2 skodelici zelenega graha
- 1/4 c. polnomastna smetana
- 2 žlici brie sira
- Kajenski poper, po okusu
- Poper, po okusu
- Mikro zelenjava ali zelena zelena, za okras

PRŠUTOV ČIPS:
- 4 tanke rezine pršuta Parma

PANNA COTTA Z ZELENIM GRAHOM:

a) Pečico segrejte na 400º F z rešetko na sredini. Obrobljen pekač obložite s folijo. Skodelice 12-skodelnega pekača za mini mafine rahlo premažite s pršilom za kuhanje in odstavite.
b) V majhni ponvi zmešajte 1-3/4 skodelice vode, agar agar, zeleno, rožmarin, lovorov list, poper v zrnu, jagode pimenta, peteršilj in 1/4 čajne žličke kuhinjske soli. Pustite vreti na močnem ognju, občasno postrgajte po dnu posode, nato zmanjšajte ogenj na nizko. Nadaljujte z občasnim strganjem po dnu ponve, saj se agar agar rad usede, dokler ni videti raztopljen, približno 6-8 minut.
c) Dodajte grah v mešalnik in pretlačite v pire. Precedite juho agar agarja skozi cedilo z drobno mrežico v mešalnik. Dodajte smetano, brie, ščepec ali dva kajenskega vina in dodatno vodo, da bo prostornina malo nad 2 skodelici.
d) Mešajte do gladkega, po potrebi strgajte po straneh mešalnika. Okusite in prilagodite začimbe s soljo, belim poprom in dodatnim kajenskim poprom, če želite, ter na kratko premešajte, da se popolnoma premeša. Mešanico enakomerno porazdelite med 12 pripravljenih skodelic za mafine.
e) Ponev večkrat potrkajte, da se usede in pomaga odstraniti vse zračne mehurčke, ki so morda nastali. Pustite približno eno uro, da se agar agar strdi.
f) Ko postrežete, potegnite s tankim nožem po robu panakote, nato pa vsako izbijte.

PRŠUTOV ČIPS:

g) Pečico segrejte na 250° F.
h) Z 1-palčnim okroglim rezalnikom narežite kroge pršuta. Položite na pekač s pergamentnim papirjem in pecite 10–15 minut, dokler ne postane hrustljav. Rezervirajte za okras.

SESTAVLJANJE:

i) Panna cotto položimo na pladenj.
j) Na aioli položimo kolut pršuta.
k) Okrasite z mikro zelenjem ali zelenjem zelene.

92. Limetin sladoled s chia semeni

SESTAVINE:
- Naribana lupinica in sok 4 limet
- ¾ skodelice sladkorja
- skodelice pol-pol
- veliki rumenjaki
- 1¼ skodelice težke smetane
- ⅔ skodelice chia semen

NAVODILA:
a) V kuhinjskem robotu približno 5-krat pretlačite limetino lupinico in sladkor, da izluščite olja. Prenesite limetin sladkor v skledo.
b) Delno napolnite veliko skledo z ledom in vodo, srednjo skledo postavite v ledeno vodo in na vrh postavite cedilo s finimi mrežicami.
c) V ponvi zmešajte ½ skodelice limetinega sladkorja in pol in pol. Pustite vreti na srednjem ognju in mešajte, da se sladkor raztopi.
d) Medtem dodamo rumenjake preostalemu limetin sladkorju v skledi in stepamo, da se združijo.
e) Približno polovico vroče mešanice pol-pol postopoma med neprekinjenim mešanjem vmešajte v rumenjake, nato pa to mešanico vmešajte v mešanico pol-pol v ponvi.
f) Med nenehnim mešanjem kuhajte, dokler krema ni dovolj gosta, da lahko prekrije zadnjo stran žlice, približno 5 minut.
g) Kremo skozi cedilo vlijemo v pripravljeno skledo in mešamo, dokler se ne ohladi.
h) Vmešajte limetin sok, smetano in chia semena. Odstranite skledo iz ledene kopeli, pokrijte in postavite v hladilnik, dokler se krema ne ohladi, vsaj 2 uri ali največ 4 ure.
i) Zamrznite in stepite v aparatu za sladoled v skladu z navodili proizvajalca. Za mehko konsistenco sladoled postrezite takoj; za bolj čvrsto konsistenco ga preložimo v posodo, pokrijemo in pustimo 2 do 3 ure strjevati v zamrzovalniku.

93. Sladoled iz čokolade in češnje

SESTAVINE:
- 1 skodelica (2 palčki) nesoljenega masla
- 1 skodelica super finega sladkorja
- 1 čajna žlička čisti ekstrakt vanilije
- 4 jajca, pretepena
- 2 skodelici manj 1 zvrhana žlica. večnamenska moka
- 1 zvrhana žlica. nesladkan kakav v prahu
- 1 ½ čajne žličke. pecilni prašek
- 4 skodelice razkoščičenih in narezanih češenj
- ½ skodelice brusničnega soka
- 3 žlice. svetlo rjavi sladkor
- ½ recepta za luksuzni vaniljev sladoled
- 1 skodelica težke smetane, nežno stepene
- nekaj češenj za preliv
- čokoladni kodri

NAVODILA:

a) Pečico segrejte na 350°F (180°C). Rahlo namastite 7-palčni vzmetni model ali globok pekač z ohlapnim dnom. Maslo, sladkor in vanilijo stepite skupaj, da postanejo bledi in kremasti.
b) Nežno stepite polovico jajc, nato postopoma dodajte suhe sestavine, izmenjaje s preostalimi jajci, dokler se dobro ne premešajo. Z žlico položite v pripravljen pekač za torte, poravnajte vrh in pecite 35 do 40 minut, dokler ni ravno čvrst na otip.
c) Ohladite v pekaču, nato odstranite, zavijte v folijo in ohladite, dokler ni res hladno, da boste lažje rezali.
d) Češnje dajte v majhno ponev z brusničnim sokom in rjavim sladkorjem. Kuhajte na zmernem ognju, dokler se ne zmehča. Odstavite, da se ohladi, nato pa ohladite, dokler se res ne ohladi. Pripravite vaniljev gelato, dokler ne doseže konsistence za žlico.
e) Z dolgim nožem torto razrežite na tri enakomerne plasti. Eno plast položite v 7-palčni pekač za torto in na vrh položite polovico češenj in eno tretjino njihovega soka. Pokrijte s plastjo gelata in nato z drugo plastjo torte. Dodajte preostale češnje, vendar ne vsega soka (s preostalim sokom navlažite spodnjo stran tretje tortne plasti).
f) Pokrijte s preostankom gelata in zadnjo plastjo torte.
g) Dobro pritisnite, pokrijte s plastično folijo in zamrznite čez noč. (Po želji lahko torto hranimo v zamrzovalniku do 1 meseca.)

94.Čokoladna bomba

SESTAVINE:
- ½ recepta za gelato iz grenke čokolade
- ½ skodelice smetane za stepanje
- 1 majhen beljak
- ⅛ skodelice najfinejšega sladkorja
- 4 oz. sveže maline pretlačene in pretlačene
- 1 recept za malinovo omako

NAVODILA:

a) V zamrzovalniku ohladite model za bombe s 3 ½ do 4 skodelicami ali kovinsko skledo. Pripravite sladoled. Ko je konsistenca primerna za mazanje, postavite kalup v skledo z ledom. Notranjost modela obložite s sladoledom, pri čemer pazite, da je debela, enakomerna plast. Zgladite vrh. Model takoj postavimo v zamrzovalnik in zamrznemo, dokler ni res čvrst.

b) Medtem stepemo smetano do trdega. V ločeni skledi stepamo beljak, dokler ne nastane mehak sneg, nato pa mu nežno stepamo sladkor, da postane sijajen in čvrst. Zmešajte stepeno smetano, beljak in pasirane maline ter ohladite. Ko se čokoladni led zares strdi, na sredino bombe z žlico stresemo malinovo mešanico.

c) Pogladite vrh, pokrijte s povoščenim papirjem ali folijo in zamrznite za vsaj 2 uri.

d) Približno 20 minut pred serviranjem vzemite bombo iz zamrzovalnika, skozi sredino potisnite fino nabodalo, da sprostite zračno zaporo, in z nožem zapeljite po notranjem zgornjem robu. Zvrnemo na ohlajen krožnik in ponev na kratko obrišemo z vročo krpo. Enkrat ali dvakrat stisnite ali stresite ponev, da vidite, ali bo bomba zdrsnila ven; če ne, ponovno obrišite z vročo krpo. Ko zdrsne ven, boste morda morali zgornjo površino zarezati z majhnim nožem za palete in nato takoj vrniti v zamrzovalnik za vsaj 20 minut, da se ponovno strdi.

e) Postrežemo, narezano na rezine, z malinovo omako. Ta bomba bo zdržala 3 do 4 tedne v posodi v zamrzovalniku.

95. Ananas pečen aljaski

SESTAVINE:
- 1 6 do 8 oz. kos kupljene ingverjeve torte
- 6 rezin zrelega, olupljenega ananasa
- 3 skodelice tutti-frutti gelata , mehčanje
- 3 večji beljaki
- ¾ skodelice najfinejšega sladkorja
- nekaj kosov svežega ananasa za okras

NAVODILA:
a) Torto narežite na 2 debela kosa in jo razporedite v kvadrat ali krog na pekaču za večkratno uporabo, da jo boste kasneje zlahka preložili na servirno posodo.
b) 6 rezin ananasa narežite na trikotnike ali četrtine po torti, da ujamete morebitne kaplje. Koščke ananasa razporedite po vrhu torte in nato prelijte z sladoledom. Pekač takoj postavimo v zamrzovalnik, da gelato ponovno zamrzne, če se je preveč zmehčala.
c) Medtem stepemo beljake v čvrst sneg, nato pa jim postopoma vmešamo sladkor, dokler zmes ne postane čvrsta in sijajna.
d) Mešanico meringue enakomerno razporedite po celem sladoledu in vrnite v zamrzovalnik. Po želji ga lahko zamrznete za nekaj dni.
e) Ko ste pripravljeni za serviranje, segrejte pečico na 450 °F (230 °C). Pekač postavimo v vročo pečico le za 5 do 7 minut oziroma toliko časa, da po celem zlate barve.
f) Prestavimo v servirni krožnik in takoj postrežemo, okrašeno z nekaj koščki svežega ananasa.

96.Čokoladni gelato pops

SESTAVINE:
- 1 recept za luksuzni vaniljev sladoled
- 1 recept za čokoladno omako
- drobno sesekljanih oreščkov ali posipa

NAVODILA:
a) Sladoled naredite v kepice različnih velikosti. Takoj jih položite na povoščen papir in res temeljito zamrznite.
b) Pripravite čokoladni preliv in ga nato pustite na hladnem (ne hladnem) mestu, dokler se ne ohladi, vendar ne zgosti.
c) Več listov pokrijte s povoščenim papirjem. V sredino kepice sladoleda potisnite palčko sladoleda in jo pomočite v čokolado, da je popolnoma prekrita. Držite ga nad skledo s čokolado, dokler ne preneha kapljati, nato pa ga položite na čist povoščen papir.
d) Po želji potresemo z oreščki ali barvnimi posipi. Sladoled postavite v zamrzovalnik in pustite, da se res strdi (nekaj ur). Čeprav se obdržijo več tednov, je odvisno od vrste uporabljenega sladoleda, vendar jih je bolje pojesti čim prej.
e) Naredi 6–8 (več, če uporabite zelo majhno merico)

97.Kapučino frape

SESTAVINE:
- 4 žlice. kavni liker
- ½ recepta za kavni sladoled
- 4 žlice. rum
- ½ skodelice težke smetane, stepene
- 1 žlica nesladkan kakav v prahu, presejan

NAVODILA:
a) Liker vlijemo v dno 6 kozarcev ali skodelic, primernih za zamrzovanje, in dobro ohladimo ali zamrznemo.
b) Pripravite gelato po navodilih, dokler ni delno zamrznjen. Nato z električnim mešalnikom penasto vmešajte rum, takoj po žlicah prelijte zmrznjen liker in ponovno zamrznite, da postane čvrst, a ne trd.
c) Stepeno smetano nanesite na gelato.
d) Izdatno potresemo s kakavom v prahu in vrnemo v zamrzovalnik za nekaj minut, dokler ne bomo popolnoma pripravljeni za serviranje.

98. Poširane fige v začinjenem rdečem vinu z sladoledom

SESTAVINE:
- 1½ skodelice suhega rdečega vina
- 1 žlica sladkorja (1-2T), po okusu
- 1 cimetova palčka
- 3 celi nageljni
- 3 cele sveže fige, narezane na četrtine
- Vaniljev sladoled kot priloga
- Po želji vejice mete za okras

NAVODILA:
a) V ponvi zmešajte vino, sladkor, cimet in nageljnove žbice.
b) Tekočino zavremo na zmernem ognju, med mešanjem pustimo vreti 5 minut. Dodamo fige in dušimo toliko časa, da se fige segrejejo. Pustimo, da se ohladi na toplo.
c) Merice sladoleda razporedite po dveh kozarcih s peclji in prelijte s figami in nekaj tekočine za poširanje. Po želji okrasite z meto.

99.Pina colada meringue gelato torta

SESTAVINE:
- ½ skodelice dehidriranega ananasa
- 20 g temne (70%) čokolade
- 100 g že pripravljene meringe
- 1¼ skodelice težke smetane
- 2-4 žlice malibu kokosovega ruma
- Sveža meta ali popečen nariban kokos za okras

NAVODILA:
a) Pekač velikosti 13 x 23 cm obložite s plastično folijo. Prepričajte se, da pustite več cm plastike čez stranice.
b) Ananas nasekljajte tako, da noben košček ni večji od rozine. Enako storite s čokolado.
c) Meringo zdrobite v drobtine. Poskusite to narediti hitro, ker bo meringue pobrala vlago iz zraka in postala lepljiva.
d) V veliki skledi za mešanje stepite smetano do mehkih vrhov. Dodajte Malibu, nato ponovno stepajte nekaj sekund, dokler se vrnejo mehki vrhovi.
e) V skledo dodamo ananas in čokolado ter ju nežno vmešamo v kremo. Dodajte meringue in ponovno nežno prepognite. Vse vlijemo v pekač za hlebce in z njim nekajkrat nežno udarimo ob pult, da se vsebina usede in porazdeli. Zložite previsno plastiko čez vrh torte, nato pa pločevino zavijte v drugo plast plastične folije. Torto čez noč postavimo v zamrzovalnik.
f) Za serviranje uporabite previsno plastiko, da potegnete torto iz modela. Narežite in na vrh položite vejice mete ali še bolje potresite popečen naribani kokos. To je mehka kremna torta, zato jo takoj pojejte.

100. Jagodna meringue gelato torta

SESTAVINE:
- Italijanska meringue
- 4 sveži beljaki
- 1 ½ skodelice belega sladkorja
- ¼ skodelice vode
- 1 žlica tekočega glukoze ali lahkega koruznega sirupa
- jagode
- 3 skodelice jagod, opranih, posušenih in oluščenih
- 1 žlica glazure/slaščičarskega sladkorja
- 1 žlica belega sladkorja
- krema
- ¾ skodelice dvojne/težke smetane

NAVODILA:

a) Za pripravo italijanske meringe dajte sladkor, vodo in glukozni/koruzni sirup v srednje velik lonec. Jajca dajte v (skrbno čisto) skledo stoječega mešalnika.

b) Ogenj pod loncem nastavite na srednje visoko, mešanico sladkorja zavrite in lonec zavrtite, da se sladkor premakne, ko se raztopi.

c) S termometrom za sladkor preverite temperaturo vrelega sirupa. Previdno z vročim sladkorjem! Ko temperatura doseže 100 C, zaženite metlico na stoječem mešalniku.

d) Ko sladkor doseže 116 °C (ali stopnjo 'mehke kroglice'), sirup odstavimo z ognja in ga počasi vlijemo v penaste beljake, mešalnik naj bo na srednji visoki hitrosti.

e) Ko vlijete ves sirup, zmanjšajte hitrost na nizko in pustite mešati, dokler se beljaki ne ohladijo, to lahko traja do trideset minut.

f) Medtem ko se to dogaja, vzemite polovico jagod in slaščičarski sladkor ter jih v kuhinjskem robotu stepite do gladkega. Precedite jih skozi cedilo, da odstranite morebitna semena, in hranite v hladilniku.

g) Vzemite drugo polovico jagod in jih narežite. Najlepše rezine si rezervirajte za okras vaše torte, preostalim dodajte beli sladkor in pustite mascerirati.

h) Smetano dajte v veliko skledo in stepite do konsistence mehkega sladoleda (pomislite na sladice ali Mr Whippyja v Združenem kraljestvu).
i) Vzemite pekač za hlebce, ki drži vsaj šest skodelic, morda boste potrebovali še eno posodo, saj lahko ta mešanica napolni do deset skodelic ... navlažite jo z malo vode, otresite odvečno in obložite s plastično folijo.
j) Prihranjene rezine jagod položite v vzorec na dno obloženega pekača.
k) Vzamemo smetano in jo skupaj z jagodnim pirejem in narezanimi jagodami dodajamo v meringue. Vse skupaj nežno prepognemo z jedilno žlico, dokler ni ravno valovito.
l) Mešanico z žlicami vlijemo v pripravljen model, morebitne odvečne količine lahko z žlicami prelijemo v drugo obloženo posodo. Vrh glavne pogače lahko zgladimo z lopatico, ki jo vlečemo po njej, podobno kot zidar gladi cement na opečni steni. To storite nad drugo posodo, da ujamete odvečno mešanico.
m) Pokrijte s plastično folijo in zamrznite, dokler se strdi. To bo trajalo vsaj 7-8 ur, vendar ga lahko pustite čez noč, da se popolnoma strdi.
n) Vzemite iz zamrzovalnika 10 minut pred serviranjem, potegnite plastično folijo, obrnite na servirni krožnik, odstranite plastično folijo in z nožem za kruh, namočenim v vročo vodo, narežite rezine.

ZAKLJUČEK

Ko zaključujemo naše okusno popotovanje skozi "Beneška kuhinja", upamo, da ste izkusili čarobnost in pristnost beneške kuhinje v udobju svoje kuhinje. Vsak recept na teh straneh je poklon bogati paleti okusov, ki opredeljujejo regijo Veneto – praznovanje raznolikih kulinaričnih tradicij, svežine lokalnih sestavin in umetnosti preprostih, a izvrstnih jedi.

Ne glede na to, ali ste uživali v bogati rižoti z morskimi sadeži, sprejeli krepkost beneške polente ali se navdušili nad sladkostjo tiramisuja, verjamemo, da vas je teh 100 receptov popeljalo v osrčje severovzhodne Italije. Poleg sestavin in tehnik naj vas duh beneške kuhinje navdihne, da svojim obrokom vlijete toplino, preprostost in eleganco, ki opredeljujejo to kulinarično tradicijo.

Ko nadaljujete z raziskovanjem sveta beneških okusov, naj bo "Beneška kuhinja" vaš zaupanja vreden spremljevalec, ki vas bo vodil skozi pokrajine, trge in okusne tradicije, zaradi katerih je ta regija pravi gastronomski zaklad. Tukaj je, da uživate v preprostih in slastnih okusih severovzhodne Italije – buon viaggio culinario!

www.ingramcontent.com/pod-product-compliance
Lightning Source LLC
Chambersburg PA
CBHW071822110526
44591CB00011B/1187